BRÜCKEN

Emil-Hoffmann-Straße 1
D-50996 Köln

Autoren: Tim Blake, Adam Barnes
Redaktion und Bildredaktion: Michael Büsgen
Umschlaggestaltung: Nadine Littig
Satz und Gestaltung: e.s.n Agentur für Produktion und Werbung GmbH
Gesamtherstellung: Fackelträger Verlag GmbH, Köln

ISBN 978-3-7716-4638-7

Printed in Poland

www.fackeltraeger-verlag.de

TIM BLAKE, ADAM BARNES

BRÜCKEN

Edition
Fackelträger

INHALT

198 BRÜCKEN AFRIKAS

220 BRÜCKEN NORD- UND SÜDAMERIKAS

270 BRÜCKEN ASIENS UND AUSTRALIENS

BRÜCKEN –

BAUWERKE MIT LANGER TRADITION

Zeichnungen von Brücken zieren die Rückseiten der Eurobanknoten. Es sind keine realen Brücken, die auf den Geldscheinen dargestellt sind, sondern solche, die architektonische Elemente und Konstruktionsweisen der unterschiedlichen kunstgeschichtlichen Stilepochen Europas in sich vereinen. Damit veranschaulichen die Zeichnungen zwei Dinge: Zum einen sollen die „Eurobrücken" die Verbundenheit der europäischen Nationen zueinander wie des Kontinents zur übrigen Welt symbolisieren. Sie stehen damit in einer guten Tradition, in der Brücken Sinnbild für Verbundenheit beispielsweise zwischen Menschen, Kulturen, Nationen sind. Diese Bande schlagen sich nicht zuletzt in unserem allgemeinen Sprachgebrauch nieder, in dem wir „Brücken bauen", wenn wir zu jemandem oder etwas eine Beziehung aufbauen, „Brücken hinter uns abreißen", wenn wir die Vergangenheit hinter uns lassen, sie vergessen möchten.

Zum anderen aber bezeugen die Eurobanknoten einen historischen Abriss in der Konstruktionsweise von Brücken in europäischer Tradition, angefangen mit den antiken Aquädukten auf der 5-Euro-Note über steinerne Bogenbrücken in Romanik, Gotik, Renaissance und Barock sowie einer eisernen Fachwerkbogenkonstruktion des Industriezeitalters bis hin zur Schrägseilbrücke der Moderne. Lediglich die Hängebrücken sind auf den Geldscheinen nicht vertreten, wahrscheinlich, weil sie in der Geschichte des europäischen Brückenbaus eine eher untergeordnete und auch nur neuzeitliche Rolle spielen.

Im Übrigen wurden mittlerweile alle sieben Brücken der Eurobanknoten in dem Rotterdamer Vorort Spijkenissee nachgebaut: Diejenigen der 5- bis 100-Euro-Scheine wurden als Betonverblendungen auf bereits bestehende Grachtenbrücken aufgesetzt, die der 200- und 500-Euro-Scheine nachgebaut.

VON DER NATUR ABGESCHAUT

Wann der Mensch auf die Idee kam, Brücken zu bauen, um Hindernisse – insbesondere Flüsse und Schluchten – zu überwinden, ist natürlich nicht belegt. Man weiß aber immerhin, dass im Fernen Osten bereits um 2000 v. Chr. Hängebrücken Verwendung fanden; die ältesten Belege europäischer Brücken sind nur etwa 500 Jahre jünger. Ihre Fahrbahnen sind nicht mehr erhalten, doch im Zürichsee wurden einige Holzpfähle gefunden, die Archäologen als Überreste einer Pfahljochbrücke identifizierten und auf die Zeit um 1525 v. Chr. datierten. Noch ältere hölzerne Bohlenwege – die im Prinzip schon einer Balkenbrücke entsprechen und die einen sicheren Weg über Hochmoore bieten sollten – sind sogar für das Europa des 4. Jahrtausends v. Chr. belegt, beispielsweise für das niedersächsische Emsland und für Südengland. Auch eisenzeitliche Funde bezeugen den vorgeschichtlichen Brückenbau in Europa: Am schweizerischen Fundort La Tène, Namensgeber für die auch als Latènezeit bezeichnete jüngere Eisenzeit, fanden sich Brückenpfähle, die auf die Zeit um 250 v. Chr. datieren. Mit Sicherheit aber ist die Nutzung natürlicher „Brücken" und der Bau einfachster Brücken schon wesentlich älter, Ersteres sogar älter als der Mensch selbst.

KLEINES BRÜCKENLEXIKON

Verschiedene Bauelemente zeichnen eine Brücke aus. Dabei benötigt nicht jede Brücke alle Bauelemente.

Überbau: Der Überbau besteht aus dem Träger (einem meist horizontal verlaufenden, im Verhältnis zu seiner Länge schmalen und schlanken Balken) und der daraufliegenden Fahrbahnplatte. Vom Überbau aus werden die Lasten zum Unterbau und damit zur Gründung weitergeleitet.

Unterbau: Zum Unterbau einer Brücke gehören alle Teile, die sich unterhalb des Trägers befinden, hauptsächlich das Widerlager und die Pfeiler. Seine Aufgabe ist es, die Lasten vom Überbau in die Gründung weiterzuleiten.

Auflager: Die Auflager verbinden Über- und Unterbau und leiten die Kräfte zu den Widerlagern bzw. den Pfeilern.

Pfeiler/Stützen: Mittelunterstützungen der Überbauten zwischen den beiden Widerlagern werden als Pfeiler oder Stützen bezeichnet.

Pylonen: Die Mittelunterstützung der Schrägseil- und Hängebrücken nennt sich nicht Pfeiler, sondern Pylonen. Sie ragen über die Fahrbahn hinaus. Bei Schrägseilbrücken sind in ihnen die Seile verankert; über die Pylonen von Hängebrücken laufen die Tragseile.

Lager: Die Kontaktpunkte zwischen Über- und Unterbau einer Brücke werden Lager genannt.

Widerlager: Die Widerlager liegen an den Enden einer Brücke, bilden dort den Übergang zwischen Überbau und Erddamm. Auch sie haben den Zweck, die Lasten des Überbaus auf die Gründung zu übertragen. Das Widerlager einer Bogenkonstruktion nennt sich Kämpfer.

Spannweite: Die Spannweite bezeichnet den Abstand zwischen zwei Lagern einer Brücke.

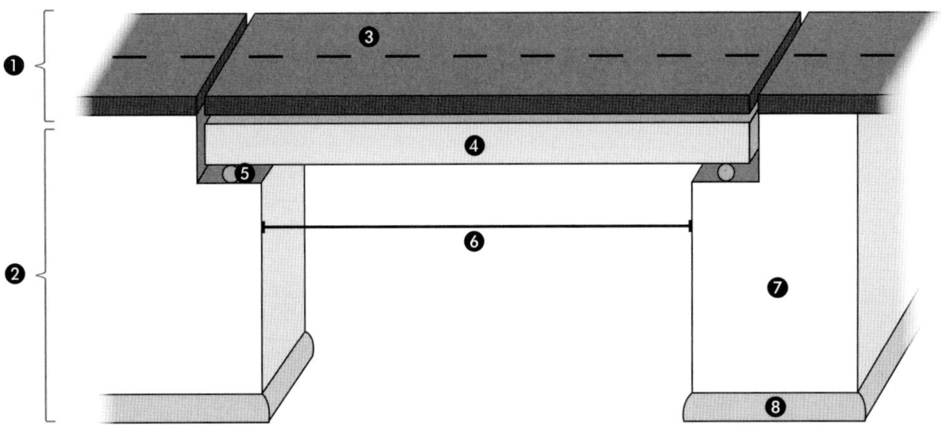

1 Überbau
2 Unterbau
3 Fahrbahn
4 Träger
5 Auflager
6 Spannweite
7 Pfeiler
8 Gründung

Von unseren nächsten Verwandten, den Primaten, wissen wir, dass sie einen über einen Fluss oder eine Schlucht gestürzten Baumstamm als Brücke nutzen und dass sie sich mittels Kletterpflanzen, wie Lianen, über ein Hindernis hinwegschwingen. Denselben Zweck erfüllen horizontal gewachsene Pflanzen, Äste etc., während Steine in einem Flussbett von Menschenaffen genutzt werden, um von einem zum nächsten zu hüpfen und so den Fluss trockenen Fußes zu queren. Es gibt keinen Grund anzunehmen, unsere Vorfahren hätten dies in irgendeiner ihrer Entwicklungsstufen nicht getan. Im Zuge der Menschwerdung, der Entwicklung erster Werkzeuge, ist der Schritt nicht groß, diese natürlich gegebenen „Brücken" selbst herzustellen, einen Baum zu fällen und über einen Fluss zu legen, Seile aus Pflanzenfasern zu flechten, sie über das Hindernis zu spannen und sich daran entlangzuhangeln, Steine so in einem seichten Flussbett zu arrangieren, dass man leicht hinübergelangt. Und in diesem Zuge kamen vielleicht auch die ersten Menschen auf die Idee, nicht über die Steine selbst zu hüpfen, sondern als Stütze für einen Baumstamm oder Felsplatten zu nutzen, um damit auch breitere Flüsse zu queren. Die erste Balkenbrücke war geboren.

BRÜCKENTYPEN

Im Groben lassen sich die Brücken der Welt einem von vier Typen zuordnen, die wiederum über eine Vielzahl von Varianten verfügen. Für welchen Typus sich ein Ingenieur entscheidet, ist einerseits den Gegebenheiten vor Ort, dem Hindernis, das es zu überwinden gilt, dem Untergrund oder der Nutzungsart geschuldet, andererseits den wirtschaftlichen Aspekten.

Balkenbrücken

Die Balkenbrücke ist die einfachste Form einer Brücke und funktioniert im Grunde genau wie der umgefallene Baumstamm, der über den Fluss ragt. Balken aus Holz, Stein, Eisen/Stahl oder Beton, der Träger also, liegen auf den Widerlagern auf und müssen an beiden Enden stabilisiert beziehungsweise befestigt werden. Es hängt vom Material des Balkens ab, wie groß die Spannweite der Brücke wird, denn die Tragfähigkeit des Balkens hängt von seiner Biegesteifigkeit ab. Zwei Kräfte wirken durch die Last des Eigengewichts und die zusätzliche Verkehrslast auf den Träger ein: Druck und Zug. Wird der Träger belastet, entstehen an der Oberseite Druckkräfte, die das Material an der Oberseite zusammendrücken, sodass sich der Träger nach unten durchbiegt. Sobald

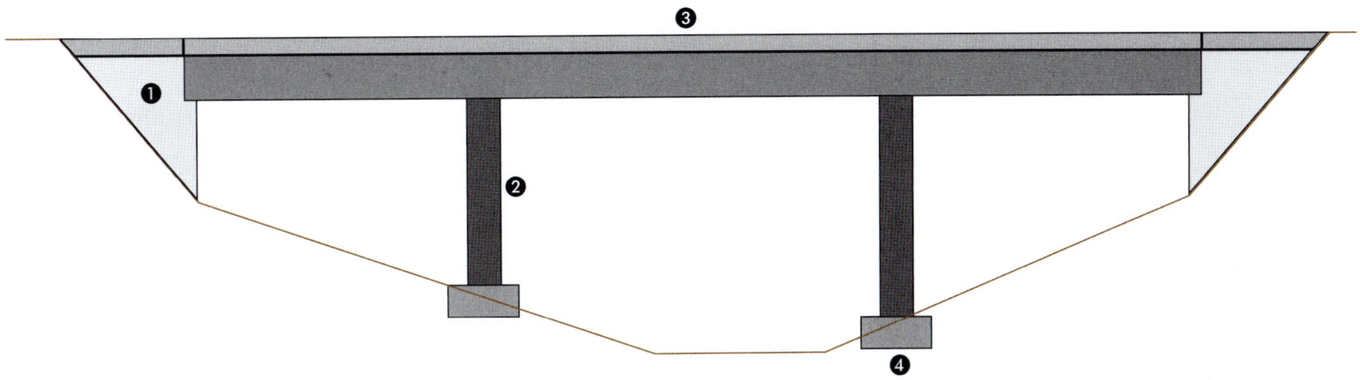

sich der Träger nach unten biegt, wird das Material durch die Zugkräfte gleichzeitig auseinandergezogen. Ist die Last zu groß, kann der Träger schlimmstenfalls brechen. Durch Mittelunterstützungen in Form von Pfeilern kann dieser Effekt verhindert werden und die Brücke nahezu beliebig verlängert werden. Wie groß dabei die Spannweiten zwischen den einzelnen Pfeilern sein können, hängt maßgeblich vom verwendeten Material ab: Stein, Gusseisen oder einfacher Beton eignen sich kaum für längere Spannweiten, denn diese Materialien können keine Zugspannungen aufnehmen; Holz ist da wesentlich leistungsfähiger, doch die wirklich großen Spannweiten werden bei den Balkenbrücken durch Stahl- und Spannbeton erreicht. Ein zusätzlicher Vorteil: Ihr Bau ist verhältnismäßig günstig.

Auslegerbrücke

Die Auslegerbrücke ist eine erweiterte Balkenbrücke und nicht viel jünger als diese. Mit ihrer Hilfe kann man, trotz gleichartiger Baumaterialien, größere Hindernisse überwinden. Zu diesem Zweck werden an einem oder an beiden Widerlagern sogenannte Ausleger, auch Kragträger oder Kragarme genannt, befestigt. Es sind waagerechte Bauteile, die nur an einem Ende befestigt werden, während das andere Ende frei schwebt.

In der Frühzeit des Brückenbaus, aber auch noch heute in vielen Ländern Südostasiens, verwendete man als Ausleger Holzbalken, die mit schweren Steinen am Widerlager angebracht wurden. Darüber brachte man durchaus weitere Ausleger an, bewehrte sie mit Steinen oder befestigte sie mit Pflanzenfasern. Auf diese Weise wurden die Kragarme so weit zur Mitte hin vorgebaut, bis zwischen beiden Auslegern nur noch eine Öffnung mit geringer Spannweite übrig blieb. Dieses zentrale noch offene Mittelstück der Brücke verschloss man zuletzt durch einen Balken.

Auch heute sind Auslegerbrücken durchaus gängig, doch wurde die Zahl der nötigen Kragarme durch die Erfindung sogenannter Gerberträger, Eisen- oder Stahlausleger in Fachwerkkonstruktion oder durch Spannbetonausleger wesentlich verringert und ihre Länge deutlich erweitert.

TAKTSCHIEBEVERFAHREN

Das Taktschiebeverfahren gilt als Erfindung Fritz Leonhardts, einer der bedeutendsten deutschen Bauingenieure des 20. Jahrhunderts. Doch es ist vor allem seinen 1965 für den Bau der Inntalbrücke bei Kufstein ausgeklügelten Optimierungen dieser bereits 1962 beim Bau der Rio-Caroni-Brücke (Venezuela) angewandten Technik geschuldet, dass sich das Taktschiebeverfahren als Bauweise vieler Spannbetonbrücken (und mittlerweile auch von Eisenbrücken) durchgesetzt hat.

Es ist ein aufwendiges Verfahren: Direkt vor Ort, genauer direkt an einem Brückenkopf, wird die Brücke in Segmenten nach und nach hergestellt. Vor dieser „Fabrik" lagert bereits ein stählerner Vorbauschnabel, um das spätere Verschieben zu erleichtern. In einer kurzen Schalung wird ein Brückenabschnitt betoniert, dabei wird Spannstahl in den Beton eingebracht. Das erste Segment wird an dem Vorbauschnabel montiert und anschließend mittels hydraulischer Pressen millimeterweise vorgeschoben, bis es die „Fabrik" verlassen hat.

Das nächste Segment wird betoniert, der Spannstahl – der gebündelt in Rohren verläuft – mit einbetoniert und weiterer Spannstahl für das nächste Segment eingebracht. Mittels Maschinen wird nun das erste mit dem zweiten Segment fest verspannt und dadurch im Grunde so stark zusammengepresst, dass sie wie eine einzige Platte wirken. Anschließend wird auch das zweite Segment mittels der Pressen vorgeschoben. Brückenpfeiler oder Hilfsstützen tragen immer wieder die Brückenteile bis zum nächsten Vorschub. Dieser Vorgang wird so oft wiederholt, bis die Brücke am anderen Widerlager angelangt ist. Dort wird der Vorbauschnabel abmontiert, und die übrigen Brückenarbeiten, wie zum Beispiel Bau der Fahrbahn, Bau der Anschlussstraßen, Montierung der Geländer etc., können in Angriff genommen werden.

Das Taktschiebeverfahren ist eine ideale Bauweise von Balkenbrücken, insbesondere von Hohlkastenbrücken.

Bau des Sulzbachtalviadukts bei Denkendorf (Baden-Württemberg) im Taktschiebeverfahren. Gut zu erkennen ist der stählerne Vorbauschnabel, an dem die Brückensegmente montiert werden.

Bogenbrücken

Anders als bei der Balkenbrücke, bei der Druck- und Zugkräfte beinahe gleichmäßig wirken, fallen bei der Bogenbrücke die Zugkräfte weg, und es herrschen Druckkräfte und mit flacher werdendem Bogen auch Schubkräfte vor. Aus diesem Grund sind Stein und Beton die idealen Materialien; sie halten Druckkräften bestens stand, brechen aber schnell bei Zugkräften.

Steinerne Bogenbrücken müssen grundsätzlich mit einem sogenannten Lehrgerüst gearbeitet werden, ein Stützgerüst, das die Form der Brücke negativ nachbildet, sodass der Bogen um dieses Gerüst herumgebaut werden kann. Das Gerüst trägt die Last der Steine, die keilförmig behauen sind und so gesetzt werden müssen, dass sie auf einen Punkt im Scheitel des späteren Bogens hinweisen. Erst wenn an diesem Scheitel, am höchsten Punkt des Bogens also, der Schlussstein gesetzt ist, ist der Bogen standfest. Dann stützen sich die Steine gegenseitig; das Material einer Bogenbrücke wird durch den Druck zusammengehalten, die einzelnen Steine von den benachbarten eingequetscht, wobei der nächst tiefere Stein das Gewicht seines höhergelegenen Nachbarn trägt. Die Gesamtlast wird letzten Endes vom Kämpfer und den anschließenden Pfeilern getragen.

Die Stabilität des Bogens ist so hoch, dass er auch den Lasten, die durch eine etwaige Überbauung sowie die Verkehrslast entstehen, standhält und die Kräfte über die Seiten in die Kämpfer und damit in die Gründung leitet.

Im Zuge der Erfindung neuer Materialien, Gusseisen, Stahl, Beton, veränderte sich auch der Bau der Bogenbrücken. Eiserne und stählerne Brücken lassen sich vorfertigen und sogar im freien Vorbau konstuieren. Die Müngstener Brücke über die Wupper ist die erste Brücke der Welt, die zwischen 1894 und 1897 im freien Vorbau errichtet wurde. Das bedeutet, dass die Brücke von beiden Seiten aus ohne Gerüste bis zum Bogenschluss gebaut wurde. Die beiden stets wachsenden Bogenhälften übernehmen damit im Grunde selbst die Funktion eines Gerüstes oder eines Krans.

Die neuen Materialien lassen zudem neue Bogenbrückentypen entstehen, indem die Fahrbahn über, unter oder zwischen den Bogen liegt.

❶ Pylon
❷ Hänger
❸ Seile/Kabel
❹ Fahrbahn
❺ Fundamente
❻ Widerlager

Hängebrücke

In ihrer ganzen Anmutung sind sie spektakulär, die Hängebrücken. Und das gilt für die Hängebrücken aus Bambus oder anderen Pflanzenfasern in Südostasien oder Südamerika, die mit einfachsten Mitteln tiefste Schluchten überwinden oder sich durch die Baumwipfel der tropischen Wälder winden, ebenso wie für die großen Hängebrücken der Welt, die ungeheure Hindernisse überwinden. Populärste Beispiele sind die Golden Gate Bridge in San Francisco und die Akashi-Kaikyō-Brücke, die die japanischen Inseln Honshū und Awaji-shima miteinander verbindet und zurzeit noch die Hängebrücke mit der weltweit längsten Spannweite ist.

Begonnen hat die Geschichte der Hängebrücken in Südostasien, wo man begann, Pflanzenfaserseile über einen Fluss, eine Schlucht zu spannen. Mittels einer Seilschlaufe oder eines Korbes ließ sich die Schlucht überqueren: Die erste Hälfte des Weges übernahm die Schwerkraft, die zweite Hälfte die eigene Kraft. Selbst Tiere wurden auf diese Weise über das Hindernis transportiert.

In der weiteren Entwicklung wurde eine Vielzahl von Seilen über die Hindernisse gespannt, die anschließend durch

Pflanzenfasern miteinander verwoben wurden und so eine U-förmige Brücke bildeten. Schließlich wurden weniger Seile gespannt und diese durch horizontale Seile verbunden, die wiederum einen Holzsteg trugen. Dies ist auch das Prinzip der modernen Hängebrücken. Der Fahrbahnträger wird mittels senkrechter, seltener diagonal verlaufender Hänger an Haupttragseilen aufgehängt, die wiederum schräg über die Pylonen geführt und anschließend im Widerlager verankert werden. Auf diese Weise werden die Zugkräfte, die an den Seilen entstehen, zu den Pylonen und den Widerlagern geleitet. Die auf den Pylonen liegende Druckkraft wird senkrecht in deren Gründung abgeleitet.

Obwohl durch diese Technik große Spannweiten ohne Mittelunterstützung überbrückt werden können und so beispielsweise Schifffahrtsstraßen nicht beeinträchtigt werden, ist die Technologie nicht überall realisierbar: Hängebrücken sind besonders wind- und sturmanfällig. Durch starke Böen können falsch konstruierte Brücken ins Schwanken geraten, was schlimmstenfalls zu ihrem Einsturz führt.

Schrägseilbrücke

Schrägseilbrücken können – anders als die drei anderen Brückenhaupttypen – noch auf keine allzu lange Geschichte zurückblicken. Ihre Technik ist noch keine 100 Jahre erprobt, 1956 wurde die erste echte Schrägseilbrücke im schwedischen Strömsund fertiggestellt, wenig später folgten die Schrägseilbrücken am Rhein in Düsseldorf und Köln. Zwar gab es beispielsweise im 19. Jahrhundert zwei Studien von Claude-Louis Navier, bei denen Brückenfahrbahnen an schrägen Seilen oder Ketten aufgehängt wurden und die bei näherer Betrachtung der heutigen Fächer- und Harfenform entsprechen, doch diese wurden nie realisiert.

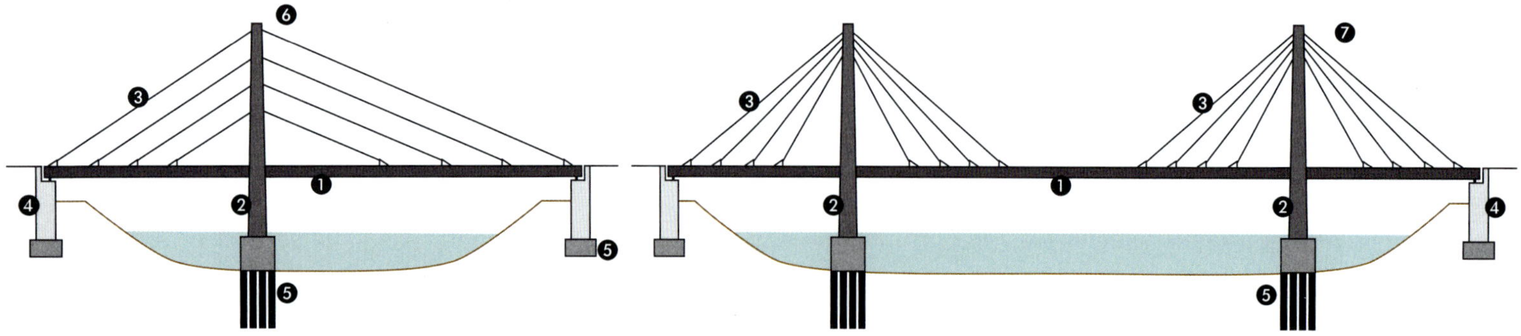

❶ Fahrbahn
❷ Pylon
❸ Seile/Kabel
❹ Widerlager
❺ Fundamente
❻ Harfensystem
❼ Modifiziertes Fächersystem

Seit den ersten Brücken aus den 1950er-Jahren sind die Spannweiten moderner Schrägseilbrücken um ein Vielfaches gewachsen, die Pylonen höher, die Konstruktionen immer spektakulärer geworden, die Technik ist geblieben.

Sie zeichnet sich dadurch aus, dass die tragenden Seile nicht wie bei der Hängebrücke zu einem Hauptträgerseil geführt, sondern straff direkt vom Pylon beziehungsweise den Pylonen zum Träger gespannt werden. Wie bei der Hängebrücke werden die vertikalen Zugkräfte in die Pylonen und Widerlager, die Druckkräfte über die Pylonen in die Gründung geleitet.

Auch Schrägseilbrücken taugen durch ihre besondere Steifigkeit und Stabilität für weite Spannweiten und kommen sogar mit den Schwingungen des Eisenbahnverkehrs zurecht, für die Hängebrücken nicht unbedingt ausgelegt sind. Auch Wind wird den Brücken, bei richtiger Konstruktion, nicht gefährlich.

Die Variationsbreite beim Bau von Schrägseilbrücken ist – ähnlich der Bogenbrücke mit den unterschiedlichsten Bogenformen – sehr groß. Sie können ein- oder mehrhüftig sein, das heißt, sie haben einen oder mehr Pylonen, von denen aus sich die Seile zu beiden Seiten spannen, was nicht immer in symmetrischer Weise sein muss. Die Spannarten der Seile variieren, man unterscheidet das Fächersystem, bei dem die Seile an einem Punkt an der Spitze des Pylonen gebündelt verankert werden, das Harfensystem, bei dem die Seile parallel zueinander in variablen Abständen am Pylonen verankert sind, und das modifizierte Fächersystem, ein Mischsystem aus beidem, bei dem die Seile am Pylonen weiter als beim Fächersystem verankert sind, aber nicht parallel geführt werden.

Zudem unterscheiden sich die Schrägseilbrücken stark in ihren Pylonen, die immer neue Formen annehmen, üblicherweise H- oder A-förmig sind, aber auch wie ein umgekehrtes Y oder wie ein Diamant etc. geformt sein können. Meist führen die Pylonen zwei Seilebenen, doch zunehmend setzen sich auch Pylontürme durch, die nur eine Seilebene besitzen. Den Ideen scheinen hier kaum technische Grenzen gesetzt, und es finden sich immer neue aufregende Konstruktionen.

BRÜCKENINSTABILITÄT UND BRÜCKENUNFÄLLE

Gephyrophobie (gephyra, griech. = Brücke) ist der wissenschaftliche Ausdruck für eine Angststörung, die sich auf das Betreten oder Überqueren von Brücken bezieht. Von Herzrasen und Schweißausbrüchen bis hin zu Panikattacken reichen die Symptome. Was der Phobie zugrunde liegt, ist die grundsätzliche Angst, die Brücke könne aus Instabilitätsgründen nachgeben und einstürzen. Dabei haben die Betroffenen in aller Regel nie selbst Brückenunfälle oder -einstürze erlebt; dennoch vermeiden sie wo immer möglich deren Überquerung und nehmen dafür nicht selten ungeheure Umwege in Kauf.

Es kann für die Angstbewältigung der Gephyrophobiker kaum förderlich sein, wenn – wie in den letzten Jahren geschehen – immer mehr Sicherheitsingenieure und Verbände auf den schlechten Zustand von Verkehrsbrücken hinweisen. Allein in Deutschland sind von den insgesamt ca. 130 000 Brücken rund 39 000 Bestandteil des Autobahn- und Bundesstraßennetzes. 15 Prozent dieser Brückenflächen sind Untersuchungen zufolge in einem nicht ausreichenden bis ungenügenden Zustand. Nicht anders sieht es bei den Brücken aus, die in das bundesweite Schienennetz eingebunden sind.

Angesichts dieser niederschmetternden Bilanz hat das Verkehrsministerium für die Jahre 2015 bis 2017 einen Etat in Höhe von 1,06 Milliarden Euro bewilligt, der in das „Sonderprogramm Brückenmodernisierung" fließen wird. Insbesondere bei den Automobilclubs wird jedoch die Kritik laut, dass dieser Etat nicht ansatzweise dem Bedarf an Instandhaltungsmaßnahmen gerecht würde. Gleichzeitig betonen sie jedoch, dass niemand Sorgen haben müsse, bei der nächsten Brückenüberquerung mit einstürzenden Bauteilen in die Tiefe gerissen zu werden. Für Gephyrophobiker wird diese Entwarnung vermutlich kaum zur Entspannung beitragen, zumal immer neue Brückensperrungen, bröckelnder Beton und Risse in den Brückenpfeilern (siehe Exkurs Korrosion) gemeldet werden. Tatsächlich ist die Materialermüdung der Brücken eines der größten gegenwärtigen Probleme im Infrastrukturbereich.

BRÜCKENSCHÄDEN DURCH KORROSION

Eines der meistverwendeten Materialien in Brücken ist Stahlbeton. Indem in den Betonmantel Stahlstreben (Bewehrungsstahl oder Moniereisen) eingegossen werden, erhöht sich die Festigkeit. Beton und Stahl dehnen sich jedoch unter Wärmeeinfluss unterschiedlich stark aus. Dies führt zu Spannungen im Bauteil, die letztendlich zu Rissen führen können. Durch diese Risse im Betonmantel kann Wasser bis zum Stahl durchdringen und einen Oxidationsvorgang in Gang setzen – die sogenannte Korrosion. Ein durch Korrosion, also Rost, geschädigter Stahl verliert an Festigkeit, was sich wiederum auf das gesamte Bauteil auswirkt und im schlimmsten Fall zu dessen Kollaps führen kann. Chloride, die zum Beispiel durch Tausalze dem eindringenden Wasser beigemischt sind, begünstigen und beschleunigen die Korrosion.

Eigentlich wird die Lebensdauer von Brücken mit ca. 100 Jahren veranschlagt, doch als man in den 1950er- bis 1970er-Jahren Täler, Flüsse und Schluchten überwand, rechnete niemand mit einer Verkehrsbelastung in der Größenordnung, wie wir sie heute vorfinden. Weniger die Pkw sorgen für die vorschnelle Materialermüdung als vielmehr der Lkw-Verkehr. Allein ein einziger 40 Tonnen schwerer Lkw verursacht so starke Straßenschäden wie etwa 40 000 Pkw. Auf den Schienen sind es vor allem ICEs, die mit ihren hohen Geschwindigkeiten und damit verbundenen Schwingungen Bahnbrücken tagtäglich auf eine besondere Belastungsprobe stellen. Die Vergangenheit hat jedoch gezeigt, dass die meisten dramatischen Einstürze von Brücken nicht auf Materialermüdung zurückgehen, sondern andere Ursachen oder eine Kombination aus mehreren aufweisen. Eine der gefürchtetsten Erscheinungen bei Brücken sind Instabilitäten aufgrund von Resonanzschwingungen.

Resonanzeffekt

Jede Brücke besitzt eine Resonanzfrequenz, das heißt, sie verfügt über ein für dieses Bauwerk typisches Schwingungsverhalten, das Eigenfrequenz genannt wird und durch die Schwingungsweite beziehungsweise Amplitude definiert wird. Wird die Brücke nun zum Beispiel durch fahrende Autos oder Wind zusätzlich in Schwingung versetzt, die genau auf dieser Resonanzfrequenz liegen, so speichert die Brücke diese zusätzliche Energie. Die Folge ist eine Addition von Schwingungsenergie, die die Belastbarkeit (Amplitudenbereich) der Brücke überschreitet und diese kollabieren lässt. Einen vergleichbaren Effekt kennt man als Feedback bei elektrischen Gitarren: Man spielt den Ton A (440 Hertz), und der Verstärker gibt genau diesen Ton und diese Frequenz wieder. Die Schallwellen treffen nun auf die Gitarrensaite und bringen diese zusätzlich mit 440 Hertz in Schwingung. Durch die ständige Wiederholung dieses Vorganges ergibt sich ein Energiepotenzial, das schließlich zu dem bekannten „Kreischen" führt.

Es mag überraschen, aber viele Beispiele für Instabilität von Brücken gehen auf Fußgänger zurück, die nicht durch ihr Gewicht, sondern durch ihren Gleichschritt den gefährlichen Resonanzeffekt auslösen. Bekannteste Beispiele sind hier die Broughton Suspension Bridge und die Millennium Bridge.

Mitte der 1820er-Jahre entschied man sich dazu, eine Brücke über den River Irwell nahe der heutigen Ortschaft City of Salford in Greater Manchester, England, zu bauen. Die Wahl fiel auf eine Kettenbrücke, die 1826 fertiggestellt wurde. Fünf Jahre lang erwies sich die Brücke mit einer Spannweite von 44 Metern als solide Konstruktion, bis am 12. April 1831 eine Truppe von 70 Soldaten die Brücke überquerte – zunächst noch ungeordnet, dann im Gleichschritt. Die ersten Soldaten hatten bereits das Brückenende erreicht, als einer der Pylonen unter einem lauten Knall einstürzte und 40 Soldaten in die Tiefe beförderte. Wie durch ein Wunder kam niemand ums Leben, dafür gab es viele Verletzte und Schwerverletzte. Untersuchungen ergaben, dass es an einer Stelle eine mangelhafte Kettenverbindung gegeben hatte. Weitaus schwerer fiel jedoch der Resonanzeffekt ins Gewicht, ausgelöst durch den Gleichschritt der Soldaten. Seit diesem Zeitpunkt zeigten sich Brückeningenieure diesem Effekt gegenüber sensibilisiert, was jedoch weitere Resonanzkatastrophen nicht verhindern konnte.

Die Millennium Bridge in London musste schon bald nach ihrer Eröffnung am 10. Juni 2000 wieder gesperrt werden. Auf leichte Bewegungen des Bauwerks hatten viele Hundert Besucher der Brücke unwillkürlich mit Gleichschritt reagiert. Dies löste wiederum beträchtliche Schwankungen der Brücke aus.

Eines der neueren Resonanzphänomene ereignete sich im Jahr 2000 an der Londoner Millennium Bridge. Zwei Jahre dauerte der Bau der 18,2 Millionen Pfund teuren Brücke, die am 10. Juni 2000 als Fußgängerbrücke über die Themse eröffnet wurde. Bereits zwei Tage später wurde sie wieder gesperrt – und das für einen Zeitraum von ganzen zwei Jahren. Der Grund: Unter dem Ansturm vieler Interessierter war die Brücke über alle Maßen hinaus ins Schwanken geraten. Das offensichtliche Instabilitätsproblem musste in aufwendigen Nachbesserungen behoben werden. Was folgte, waren lang anhaltende Untersuchungen über die Ursachen der Instabilität, denn das Resonanzproblem war längst bekannt und bei der Planung der Brücke entsprechend berücksichtigt worden. Folgendes Szenario konnte rekonstruiert werden: Die Menschen auf der Brücke bewegten sich anfänglich diffus und alles andere als im Einklang miteinander. Durch Zufall jedoch synchronisierten Personen ihren Schritt, worauf die Brücke mit leichten Schwingungen reagierte, die die Menschen wiederum unwillkürlich mit einem Gleichschritt beantworteten, ähnlich den Ausgleichsbewegungen, die ein Mensch unternimmt, wenn er sich auf einem schwankenden Ponton oder Schiff fortbewegt. Der Gleichschritt wiederum führte zu einer Addition der Schwingungsenergie und dem kritischen Schwingen der Brücke. Nicht an der Millennium Bridge, wohl aber an der Londoner Albert Bridge ist bis heute ein Schild befestigt, das der Gefahr synchronisierter Bewegungsabläufe von vielen Menschen Rechnung trägt: „All troops must break step when marching over this bridge." Ohne Tritt zu marschieren – das ist, so erstaunlich dies angesichts von Gefahren wie Taifunen, Hochwasser oder Schiffskollisionen erscheinen mag, eine nicht zu unterschätzende Präventionsmaßnahme zur Vermeidung von Brückenunfällen.

Verheerende Konstruktionsfehler

Neben Materialermüdung und Resonanzeffekten einerseits, Schiffskollisionen oder Abstürzen von Flugzeugen andererseits, die zu Brückenunfällen führen können, gibt es natürlich auch Konstruktionsfehler. Eines der dramatischsten Beispiele hierfür ist die Firth-of-Tay-Brücke, die am 28. Dezember 1879 während eines Sturms im Mittelteil einstürzte und den zu diesem Zeitpunkt auf der Brücke fahrenden Zug mit in die Tiefe riss. Keiner der 75 Insassen überlebte. Während der Bauphase hatte es zahlreiche Widrigkeiten gegeben. So wurden unter anderem aufgrund des kritischen geologischen Untergrunds am Meeresboden die Spannweite erhöht und die Stützpfeiler entsprechend reduziert. Im Zusammenspiel mit heftigen Stürmen, die nicht ausreichend in der Planung berücksichtigt worden waren, führte dies zu dem schrecklichen Unfall, der den Glauben in die Sicherheit von Eisenbahnbrücken lange Zeit erschütterte.

Weitaus bekannter, da durch Filmaufnahmen ausführlich dokumentiert und im Internet überall einzusehen, ist der Einsturz der Tacoma Narrows Bridge im US-Bundesstaat Washington. Zum Zeitpunkt ihrer Eröffnung im Juli 1940 war sie mit 853 Metern die längste Hängebrücke der Welt. Die überschlanke Bauweise, für die sich der Konstrukteur Leon Solomon Moisseiff eingesetzt hatte, rief bereits im Vorfeld Skeptiker auf den Plan, deren Einwände jedoch unerhört blieben. Doch schon bald nach der Freigabe der Brücke zeigte sich, dass bereits verhältnismäßig wenig Wind ausreichte, um die Brücke in starke Schwingung zu versetzen. Es gab zwar Autofahrer, die hierin einen besonderen Reiz sahen und extra zum „Achterbahnfahren" einen Ausflug zur Brücke unternahmen, aber vielen war die Überfahrt unheimlich. Bei einem Sturm geriet die Brücke am 7. November 1940 derart in Schwingung, dass die tragenden Seile rissen und die Fahrbahn nach einem fast einstündigen „Todeskampf" in die Tiefe stürzte. Heute sind die physikalischen Gesetzmäßigkeiten, die damals zu dem Unfall führten, bei dem niemand zu Tode kam, bekannt. Die Deflektionstheorie nach Joseph Melan besagt zwar, dass schwebende Bauwerke mit großer Eigenmasse selbststabilisierend wirken und dadurch die Bauwerkteile nur geringen Verdrehungskräften wie Wind ausgesetzt sind. Der Fehler Melans lag jedoch darin, dass er aerodynamische Effekte von Windlasten auf Brücken nicht ausreichend beachtet hatte. Leon S. Moisseiff, der Konstrukteur der Tacoma Narrows Bridge, setzte im Gegensatz zu den damals im Hängebrückenbau üblichen Fachwerkträgern auf Stahl-Vollwandträger, die kostengünstiger und schneller zu errichten waren. Der Fahrbahnträger war äußerst schmal und niedrig, dafür aber mit 853 Metern sehr lang. Die gesamte Konstruktion wies damit eine unter aerodynamischen

Gesichtspunkten höchst ungünstige Form auf. Durch einen Starkwind aus südwestlicher Richtung, der in den Stahl-Vollwandträgern eine hinreichende Angriffsfläche fand, wurde die Brücke in Torsionsschwingungen versetzt, verdrehte sich also zunehmend in sich selbst. Nach gut 45 Minuten rissen die Seile, an denen die Fahrbahn aufgehängt war, und die gesamte Konstruktion stürzte ein.

Einsturz der Tacoma Narrows Bridge (USA) am 7. November 1940

BRÜCKEN EUROPAS

DEUTSCHLAND

DIE DÜSSELDORFER/KÖLNER SCHRÄGSEILBRÜCKEN

Der Zweite Weltkrieg hatte in Deutschland und insbesondere an Industriestandorten wie Düsseldorf und Köln auch in Bezug auf die Flussbrücken Verwüstungen hinterlassen. Von den Bombardements, aber auch den Brückensprengungen der deutschen Wehrmacht, die das Vorrücken der Alliierten verhindern sollten, blieb nicht eine Brücke in den beiden Städten vollständig verschont. Das bot beiden Städten nach dem Krieg neue Möglichkeiten, denn die wachsenden Verkehrsbelastungen erforderten mehr und widerstandsfähigere Brücken, stellte aber ebenso Probleme dar, die in erster Linie finanzieller Art waren.

Schon bald nach Ende des Zweiten Weltkriegs begann in den Metropolen am Rhein der Wiederaufbau. Doch die Brücken stellten in dieser Hinsicht ein Problem dar: Der Wiederaufbau erforderte Baumaterial, das in jener Zeit knapp war. Die alten, teils aufwendigen Brücken zu rekonstruieren, wäre ein Kraftakt geworden. So sannen in beiden Städten Architekten über kostengünstige und materialsparende Lösungen nach, die den schon kurz nach Kriegsende spürbar höheren Verkehrslasten gerecht werden sollten. Bereits 1948 konnte die Deutzer Brücke in Köln, die weltweit erste Hohlkastenbrücke, deren Hohlkasten ganz aus Stahl gefertigt wurde, in Betrieb genommen werden. Ihr populärer Brückenbauingenieur: Fritz Leonhardt, der auch für die damals längste Hängebrücke Europas, die Rodenkirchener Brücke in Köln, verantwortlich zeichnete, die 1941 zerstört, aber unter Leonhardts Leitung 1954 wiederaufgebaut wurde.

THEODOR HEUSS BRÜCKE

DATEN & FAKTEN

Lage	Düsseldorf
Verbindung	überspannt den Rhein im Düsseldorfer Stadtgebiet
Entwurf und Planung	Architekt Friedrich Tamms in Zusammenarbeit mit Ingenieur Fritz Leonhardt
Eröffnung	1957
Konstruktionsart	Schrägseilbrücke in Harfenform
Material	Stahl
Länge	1271 Meter
Höhe der Pylonen	44 Meter
max. Spannweite	260 Meter
Verkehrsart	Kraftfahrzeug- und Fußgängerbrücke

SEVERINS BRÜCKE

DATEN & FAKTEN

Lage	Köln
Verbindung	überspannt den Rhein im Kölner Stadtgebiet
Entwurf und Planung	Architekt Gerd Lohmer in Zusammenarbeit mit Ingenieur Fritz Leonhardt
Eröffnung	1959
Konstruktionsart	Schrägseilbrücke in Fächerform
Material	Stahl
Länge	691 Meter
Höhe des Pylonen	77,2 Meter
max. Spannweite	302 Meter
Verkehrsart	Kraftfahrzeug-, Straßenbahn- und Fußgängerbrücke

Doch in erster Linie setzte man am Rhein auf eine neue Technik, die extrem wirtschaftlich ist, dabei aber gleichzeitig bis heute ihre Entwicklungsfähigkeit unter Beweis stellt: die Schrägseiltechnik. An beiden Brücken war Leonhardt als einer der renommiertesten Brückenbauingenieure des Landes maßgeblich beteiligt.

THEODOR-HEUSS-BRÜCKE IN DÜSSELDORF

Sie ist nicht die erste Schrägseilbrücke der Welt, wie ihr oftmals nachgesagt wird, und es war auch nicht Fritz Leonhardt, der die Technik erfand, wie ebenfalls hin und wieder behauptet wird. Und doch ist die Theodor-Heuss-Brücke, die 1957 als Nordbrücke eröffnet wurde, die erste ihrer Art, die als Schrägseilbrücke geplant und ausgeführt wurde, die die Wirtschaftlichkeit dieser Brücken unter Beweis stellte und damit den Weg für die rekordverdächtigen Schrägseilbrücken der Welt ebnete.

Inspiriert von der ersten Schrägseilbrücke der Welt, der Strömsundbrücke in Schweden, entwarf Leonhardt eine Schrägseilbrücke mit von den beiden Pylonen fächerförmig geführten Seilen. Doch dem leitenden Architekten Friedrich Tamms war dieser Entwurf zu plump: Um Überkreuzungen der Seile aus Schrägansichten zu vermeiden, präferierte er die Harfenform, die zwar die Seile nicht optimal nutzt, dafür aber die höhere Ästhetik aufweist. Letztendlich wurde die Theodor-Heuss-Brücke als zweihüftige Schrägseilbrücke konstruiert, in deren zwei H-förmigen Pylonen die Schrägseile in Harfenform verankert sind, die wiederum die Fahrbahn halten. Letztere ist – trotz ihrer hohen Kosten – als orthotrope Platte konzipiert, d. h. eine Baustahlplatte wurde auf der Unterseite mit aufgeschweißten Stahlprofilen in Längs- und Querrichtung versteift.

In den Folgejahren wurde diese Brückenkonstruktion wiederaufgenommen und im Jahr 1969 mit der Rheinkniebrücke und 1973 der Oberkasseler Brücke die sogenannte Düsseldorfer Brückenfamilie formiert. Durch kleine Variationen eines Themas haben die Konstrukteure Abwechslung in die Familie gebracht. Die Rheinkniebrücke beispielsweise ist einhüftig mit zwei Seilebenen im Harfensystem, die jüngere Oberkasseler Brücke dagegen reduzierte auch diese beiden Ebenen zu einer um einen Mittelträger.

Zukunftsweisend: Als erste Schrägseilbrücke Deutschlands ebnete die Theodor-Heuss-Brücke in Düsseldorf den Weg für die großen Schrägseilkonstruktionen der Welt.

DIE SEVERINSBRÜCKE

Die Kölner Severinsbrücke war der erste tatsächliche Brückenneubau der Stadt nach dem Zweiten Weltkrieg und wurde am 7. November 1959 von Bundeskanzler Konrad Adenauer, der einst Oberbürgermeister Kölns war, eingeweiht. Wie viele frühere (etwa die Deutzer) und spätere Brücken der Stadt erstrahlte auch die Severinsbrücke im typischen Kölner Brückengrün, das Adenauer selbst in seiner Funktion als Oberbürgermeister einst ausgesucht hatte und das daher auch Adenauergrün genannt wird. Es ist eine patinagrüne Farbe, die sich – von wenigen Ausnahmen abgesehen – für die Kölner Brücken durchgesetzt hat.

Auch an der Severinsbrücke war Leonhardt als Ingenieur beteiligt, zusammen mit dem Architekten Gerd Lohmer. Gemeinsam haben sie eine asymmetrische Schrägseilbrücke mit einem A-förmigen Pylonen entworfen, dessen Seile die Fahrbahn fächerförmig aufspannen. Die ursprünglichen sechs Fahrspuren mit Straßenbahngleisen in der Mitte wurden in den 1980er-Jahren zugunsten von Fußgänger- und Radwegen auf beiden Seiten auf vier reduziert.

Der A-förmige Pylon der Severinsbrücke in Köln ragt 77,2 Meter über das Brückenfundament hinaus.

Obwohl bei der Ausschreibung eigentlich nur den zweiten Platz erhalten, überzeugte die zur Fahrbahn hin asymmetrische Anordnung des gut 77 Meter hohen Pylonen aufgrund der Vorteile für die Rhein-Schifffahrt. Letztendlich war es aber auch der ästhetischere Entwurf als die ursprünglich geplante schlichte Balkenbrücke. Die Severinsbrücke wurde 1967 mit dem Kölner Architekturpreis ausgezeichnet und fand viel internationale Beachtung.

EINE NEUE TECHNIK WIRD VORGESTELLT

Vergleicht man die frühen Schrägseilbrücken am Rhein mit den jüngsten Schrägseilbauten, wirken ihre Längen, Höhen und Spannweiten ein wenig klein. Zum Zeitpunkt ihrer Entstehung aber waren sie Beispiele einer herausragenden Technik, so wirtschaftlich wie grazil, so schick wie zukunftsweisend. Entsprechend war Deutschland bestrebt, der Welt auf der EXPO 1958 in Brüssel erstmals nach dem Zweiten Weltkrieg die neuartige Technik und die Fortschritte bei ihrer Anwendung – vor allem in Verbindung mit dem hierbei nützlichen Material Stahl – zu demonstrieren. Neben den acht Pavillons aus Glas und Stahl planten die beiden verantwortlichen Architekten Egon Eiermann und Sep Ruf eine Schrägseilbrücke, die die in einem kleinen Tal des Ausstellungsgeländes liegenden Pavillons mit dem übrigen Gelände verband und der Brückentechnik gleichzeitig einen eigenen exponierten Raum bot.

Entstanden ist eine etwa 70 Meter lange Fußgängerbrücke, deren einzelner leicht abgeschrägter, spitz zulaufender, stählerner und leuchtend gelb gestrichener Turmpylon die Schrägseile in Harfenform aufspannt, drei an jeder Seite, wobei die Kabel nicht symmetrisch aufgezogen sind, sondern auf einer Seite mit einem geringeren Abstand ins Widerlager geleitet werden.

Nach Beendigung der EXPO wurde die Brücke demontiert und als Zoobrücke in Duisburg aufgebaut, wo sie die Autobahn A3 überspannte. Als diese um zwei Spuren auf insgesamt sechs Spuren erweitert wurde, musste die Zoobrücke demontiert werden. Sie wurde der verbreiterten Fahrbahn entsprechend erweitert, Seile, Fahrbahnbelag und Widerlager wurden erneuert, und auch die Statik musste den Veränderungen angepasst werden. Dann wurde sie erneut über die A3 gespannt, verbindet den Stadtteil Neudorf-Nord mit dem Duisburger Stadtwald und gilt als eines der Wahrzeichen der Ruhrstadt.

DEUTSCHLAND

GLIENICKER BRÜCKE

Als Bauwerk ist die Glienicker Brücke von keiner überragenden Bedeutung. Ihr gedrungener Eisenkörper, entstanden, um dem höheren Verkehrsaufkommen des angehenden 20. Jahrhunderts gerecht zu werden, barg keinerlei technische Neuerungen. Und doch ist sie eine der berühmtesten Brücken der neueren deutschen Geschichte: Zwischen 1949 und 1989 die Grenze zwischen den beiden deutschen Staaten markierend, machte sie sich als „Brücke der Agenten" einen Namen.

Holzbrücken und ab 1824 eine steinerne Brücke, entworfen vom preußischen Hofarchitekten Karl Friedrich Schinkel, führten schon seit dem 18. Jahrhundert nahe dem Gut Klein-Glienicke über die Havel. Sie dienten Adligen dazu, in ihre Jagdgründe zu gelangen, und waren später Teil des preußischen Postwegs. Doch von wirklicher Bedeutung war die Brücke selbst zu jener Zeit nicht, als sie durch eine eiserne Brücke ersetzt wurde, um einem höheren Verkehrsaufkommen standzuhalten. Das änderte sich allerdings, als die Brücke Ende des Zweiten Weltkriegs teilweise zerstört wurde, den Alliierten aber kurz nach der Kapitulation Deutschlands als wichtiger Verbindungsweg zwischen West-Berlin und Potsdam als Sitz der Militärverbindungsmissionen diente. Provisorisch geflickt, wurde die Brücke bis 1949 wiederaufgebaut und schließlich von der DDR unter dem Namen „Brücke der Einheit" eingeweiht.

Mit dem Mauerbau wurde auch die Brücke gesperrt; keine Zivilperson konnte hier die Grenze überschreiten. Wenn die Brücke nach 1961 überschritten wurde, dann nur mit Sondergenehmigung – und in drei Fällen tauschte man hier West- gegen Ostagenten aus. Die „Bridge of Spies", wie sie im Englischen heißt, wurde als Austauschort von insgesamt 40 Spionen ausgesucht, weil sie einerseits direkt zwischen dem zur DDR gehörenden Potsdam und den West-Berliner Gebieten lag, andererseits in dem Sperrgebiet keinerlei zivile Personen das geheime Geschäft stören konnten.

DATEN & FAKTEN

Verbindung	überspannt die Havel zwischen Berlin und Potsdam
Bauphase	1906–1907
Konstruktionsart	Fachwerkbrücke
Material	Eisen
Länge	128 Meter
max. Spannweite	74 Meter
Verkehrsart	Kraftfahrzeug- und Fußgängerbrücke

Als eiserne Fachwerkkonstruktion überspannt die Glienicker Brücke die Havel zwischen Berlin und Potsdam.

ERSTER AGENTENAUSTAUSCH

Rudolf Iwanowitsch Abel gilt bis heute als einer der Top-Agenten Russlands. Ihm war es gelungen, unter dem falschen Namen Emil Robert Goldfus in den USA als vermeintlicher Fotograf sieben Jahre lang zu arbeiten und in dieser Zeit amerikanische Geheimnisse beispielsweise über Atomwaffen auszuspionieren.

Dagegen war der junge US-Pilot Francis Gary Powers, der am 1. Mai 1960 bei einem Aufklärungsflug in einer U-2 über Swerdlowsk, dem einstigen und heutigen Jekaterinburg, abgeschossen worden war, eher ein „kleiner Fisch". Das schien auch die CIA zu denken, denn als es darum ging, die gefange-

Es ist weniger ihre Architektur als ihre politisch-historische Rolle während des Kalten Kriegs, die der Glienicker Brücke zu Weltruhm verhalf.

nen und im Feindesland abgeurteilten Agenten gegeneinander auszutauschen, versuchten die USA, noch drei weitere in der UdSSR inhaftierte amerikanische Staatsbürger freizukaufen – vier „kleine" Westagenten gegen einen Top-Ostagenten. Moskau war zu einem Kompromiss bereit: Neben Powers sollte der Student der Osteuropawissenschaften, Frederic Pryor, der 1961 wegen Spionageverdachts von der Stasi verhaftet wurde und sechs Monate im Untersuchungsgefängnis Hohenschönhausen verbracht hatte, ausgetauscht werden.

Während Pryor recht still am Checkpoint Charlie den Amerikanern übergeben wurde, fand der eigentliche Austausch zwischen Abel und Powers wenige Minuten später am 10. Februar 1962 auf der Glienicker Brücke statt. Im Nachhinein wird der Austausch von den Anwesenden wie der Showdown in einem Western beschrieben: Die beiden Agenten gehen langsam aufeinander zu, den anderen stets im Blick, als wollten sie sich das Gesicht des anderen für die Ewigkeit einprägen. Ein letzter Blick zurück, dann überschritten sie die den Grenzstreifen markierende Linie und waren frei. Es war der erste große Gefangenenaustausch des Kalten Kriegs.

ZWEITER UND DRITTER GEFANGENENAUSTAUSCH

Es sollten 23 Jahre vergehen, bis die Glienicker Brücke erneut ins Rampenlicht geriet: Am 12. Juni 1985 wurden exakt um zwölf Uhr mittags insgesamt 27 Personen ausgetauscht, 23 Westagenten gegen vier Ostagenten. Es war die Zeit von Michail Gorbatschow, der mit seiner Politik auf Perestroika und Glasnost setzte, weshalb auch der dritte und letzte Agentenaustausch nur acht Monate auf sich warten ließ. Doch es waren nicht nur die insgesamt acht Spione – drei aus dem Westen, fünf aus dem Osten –, die am 11. Februar 1986 die Brücke querten, es war vor allem der sowjetische Bürgerrechtler Anatoli Schtscharanski, der nach neun Jahren im sibirischen Gulag nun in die Freiheit entlassen wurde und die Glienicker Brücke überqueren durfte.

Mit dem Fall der Mauer sank auch die Glienicker Brücke wieder in die Bedeutungslosigkeit zurück. Ihre glorreiche Sternstunde hatte sie 1962 gehabt, als der große Spion Abel von hier aus in seine Heimat zurückkehren durfte. Nun ist sie nur noch eins: eine Brücke inmitten einer friedlichen, von der UNESCO geschützten Kulturlandschaft, die traumhafte Ausblicke auf jene ermöglicht und statt wie einst die Grenze zwischen DDR und BRD heute die Grenze zwischen Berlin und Brandenburg markiert.

DEUTSCHLAND

GÖLTZSCHTALBRÜCKE

Selbst heute, mehr als 160 Jahre nach ihrer Erbauung, ist die Göltzschtalbrücke Teil der Eisenbahnstrecke zwischen der sächsischen Stadt Leipzig und dem bayrischen Hof. Seit der erste Zug im Juli 1851 über ihre Gleise rollte, war der Betrieb nie unterbrochen. Dass sie auch dem modernen Eisenbahnverkehr mit höheren Lasten und Geschwindigkeiten gewachsen ist und für beides auf der Brücke keinerlei Beschränkungen gelten, ist wohl in erster Linie der Weitsicht und den exakten Berechnungen ihres Planers Johann Andreas Schubert geschuldet. Gedankt hat man es dem Professor indes nie: Er wurde wegen seiner demokratischen Gesinnung kurz vor der Schlusssteinsetzung von seiner Baustelle entfernt.

Sie ist ein wahrer Blickfang und längst das Wahrzeichen des Vogtlandes, die ziegelrote Göltzschtalbrücke. Doch sie scheint auch einer anderen Zeit zu entstammen, nicht dem Zeitalter der Industrialisierung. Mit ihren vier Bogenreihen erinnert sie optisch an die großen römischen Aquädukte, wie den Pont du Gard (siehe S. 66) in Südfrankreich. Auch technisch bot sie selbst zur Zeit ihrer Planung wenig Neuerungen, obwohl sie bei ihrer Eröffnung die höchste Eisenbahnbrücke der Welt und bis heute die höchste Ziegelsteinbrücke ist.

DATEN & FAKTEN

Lage	Vogtland in Sachsen, nahe der Grenze zu Thüringen
Verbindung	überspannt das Göltzschtal bei Netzschkau
Entwurf	Professor Johann Andreas Schubert
Bauphase	1845–1851
Konstruktionsart	Bogenbrücke
Material	Lehmziegel
Länge	574 Meter
Höhe	79 Meter
max. Spannweite	31 Meter
Verkehrsart	Eisenbahnbrücke
Besonderheiten	Es wurden über 26 Millionen Lehmziegel zur Fertigstellung der Brücke benötigt. Noch immer ist sie die größte Ziegelsteinbrücke der Welt. Aus 23 000 Baumstämmen wurden die Gerüste errichtet; bis zu 1700 Arbeiter waren pro Monat auf der Baustelle beschäftigt.

Ziegel und Granit sind die hauptsächlichen Baustoffe der Göltzschtalbrücke.

EINE SCHÖNHEIT IN STEIN

Als Viadukt mit vier Bogenebenen wurde die Göltzschtalbrücke ursprünglich mit völlig identischen Spannweiten geplant. Doch letztendlich war es aufgrund des instabilen Untergrunds am Ufer der dahinplätschernden Göltzsch notwendig, auf einen Gründungspfeiler zu verzichten und die Spannweite des Mittelbogens zu erhöhen. Das hat der Schönheit der Brücke keinen Abbruch getan, auch wenn der Bogen beweist, dass der Bau ebensogut mit weniger Pfeilern, weniger Materialverbrauch und eventuell weniger Schinderei für die Arbeiter fertig geworden wäre. Im Akkord mussten die zeitweise 1700 Arbeiter bauen, es kam zu nahezu 1300 Unfällen, und die Göltzschtalbrücke kostete 31 Arbeitern das Leben. Sechs Jahre nach Baubeginn aber war ein Monument fertiggestellt, das als eine der schönsten Brücken Deutschlands gilt. Ihrer Schönheit gedachte nicht nur die Deutsche Demokratische Republik im Jahr 1976 mit einer Briefmarke, sondern auch die Bundesrepublik Deutschland im Jahr 1991. Und mit ihren roten, massiven Ziegelbogen hat die Göltzschtalbrücke anscheinend weltweit Furore gemacht, denn auch die Republik Angola und die im Indischen Ozean gelegene Union der Komoren ließen Sonderbriefmarken zu ihren Ehren drucken.

FUNDGR

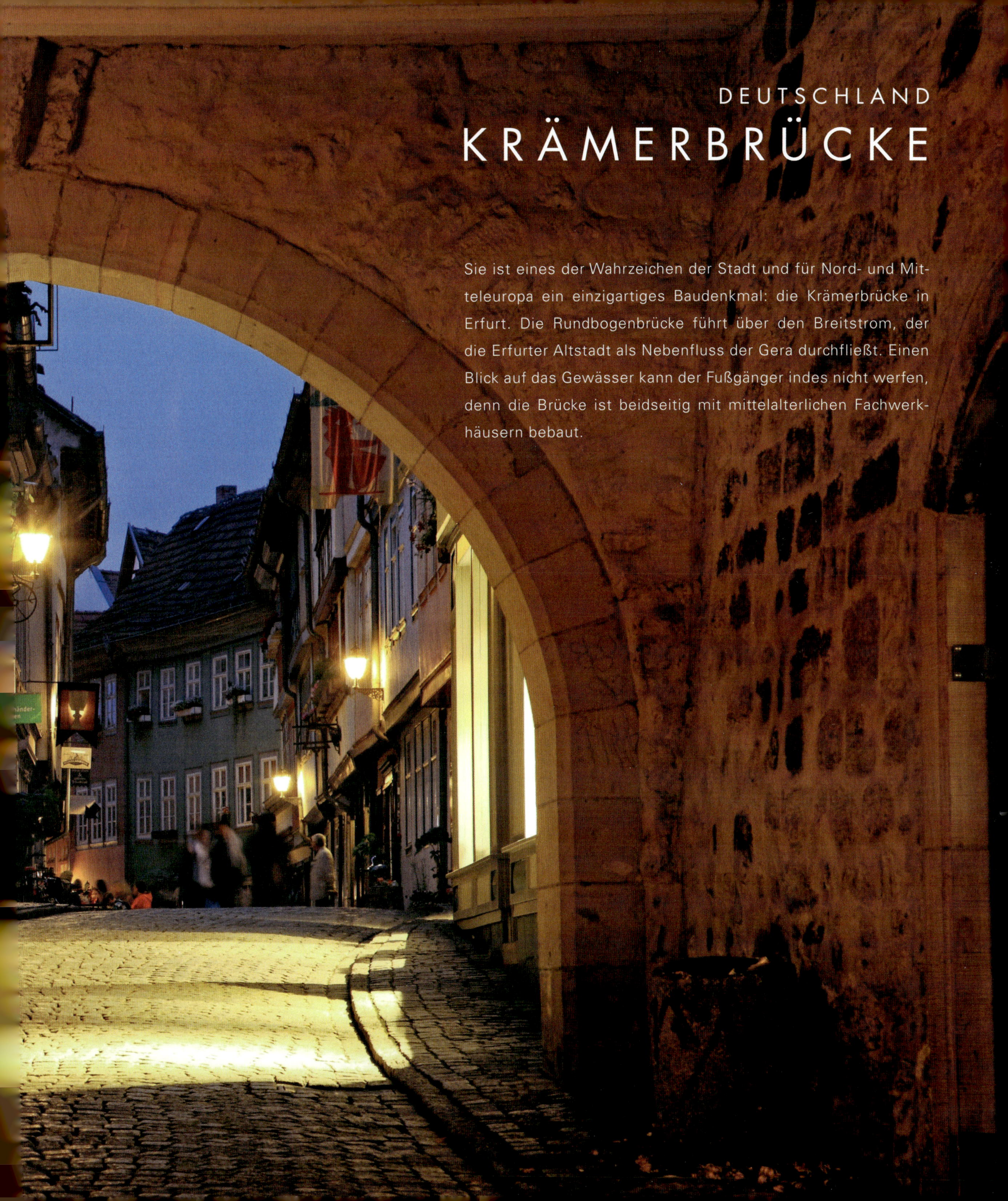

DEUTSCHLAND

KRÄMERBRÜCKE

Sie ist eines der Wahrzeichen der Stadt und für Nord- und Mitteleuropa ein einzigartiges Baudenkmal: die Krämerbrücke in Erfurt. Die Rundbogenbrücke führt über den Breitstrom, der die Erfurter Altstadt als Nebenfluss der Gera durchfließt. Einen Blick auf das Gewässer kann der Fußgänger indes nicht werfen, denn die Brücke ist beidseitig mit mittelalterlichen Fachwerkhäusern bebaut.

DATEN & FAKTEN

Verbindung	überspannt den Breitstrom, einen Nebenarm der Gera in Erfurt
Fertigstellung	1325
Konstruktionsart	Bogenbrücke
Material	Sand- und Kalkstein
Länge	125 Meter
Verkehrsart	Fußgängerbrücke
Besonderheiten	Die Brücke ist vollständig und an beiden Seiten mit Häusern bebaut.

Beidseits mit Fachwerkhäusern bebaut ist die Krämerbrücke die letzte dieser Art nördlich der Alpen.

Ihren Anfang nahm die Krämerbrücke als einfache Holzbrücke, die seit dem 12. Jahrhundert belegt ist und einen Teil der Handelsstraße Via Regia, der Königsstraße, ausmachte. Erfurt lag einerseits zwischen den beiden wichtigsten deutschen Handelsplätzen, Leipzig und Frankfurt am Main, bildete damit aber auch andererseits ein Tor sowohl in den Osten nach Breslau, Moskau und Kiew als auch in den Westen, nach Flandern, Frankreich und bis nach Santiago de Compostela in Spanien. Waren, die zwischen Ost und West transportiert wurden, mussten folglich Erfurt passieren – und damit auch die Krämerbrücke. Doch ständige Brände in Erfurt im Verlauf des 12. Jahrhunderts und damit Zerstörungen der alten Holzbrücke gefährdeten den Handelsweg, sodass der Rat der Stadt die Brücke zuerst erwarb und schließlich einen Neubau in Stein beschloss.

DIE KRÄMER EROBERN DIE BRÜCKE

Bereits zur Zeit der Holzbrücke war es üblich, dass ortsansässige und reisende Händler, Krämer, an beiden Ufern des Breitstroms rund um den Aufgang zur Brücke ihre Waren feilboten. Wer die Brücke überqueren wollte, musste unweigerlich einen Blick auf die Waren werfen und wurde zum Kauf angeregt. Die Geschäfte florierten, und als die neue steinerne, sechsbogige Brücke errichtet war, zogen die Krämer mit ihren Warenständen direkt auf das Bauwerk, zumal beide Brückenköpfe nun mit Kirchen, der noch heute erhaltenen Ägidenkirche und der 1890 abgebrochenen Benediktkirche, verbaut wurden. Den Zugang zur Brücke sicherten Torbogen in den Kirchengebäuden.

Der große Erfurter Stadtbrand von 1472 zerstörte auch diese Verkaufsstände, während die Brücke weitgehend unbeschädigt blieb. Sie wurde daraufhin verbreitert und beidseits ihrer Fahrbahn mit Fachwerkhäusern überbaut, die ihr das bis heute erhaltene Aussehen gaben. Die einst über 60 Wohngebäude wurden mittlerweile teils zusammengelegt. Heute bilden 32 mittelalterliche Fachwerkhäuser die längste geschlossen mit Häusern bebaute Brückenstraße Europas und die einzige Brücke dieser Art nördlich der Alpen. Im Erdgeschoss eines jeden Hauses finden sich wie im Mittelalter kleine Krämerläden.

Heute befinden sich 32 Häuser auf der Fußgängerbrücke, die den Breitstrom überquert.

güldenen
Schachtzaul
HAUS D
BESICHTIGUNG

NIEDERLANDE

ERASMUSBRUG

Die Erasmusbrücke ist längst zu einem Wahrzeichen der niederländischen Metropole Rotterdam geworden. 139 Meter ragt der unten abgeknickte, blendend weiße Pylon gen Himmel, der aufgrund seiner Farbe und der ebenso grazilen wie eleganten Form dem Bauwerk seinen inoffiziellen Namen verleiht: der Schwan. Im Juli 2010 wurde die Erasmusbrücke zur beeindruckenden Kulisse für den Grand Depart der 97. Tour de France, doch auch darüber hinaus ist die Brücke zu einem touristischen Anziehungspunkt und dem meistfotografierten Motiv der Stadt geworden.

Als der niederländische Architekt Ben van Berkel Anfang der 1990er-Jahre mit seinem Entwurf einer neuen Maas-Brücke überzeugte, war seine bisherige Arbeit bereits mit mehreren Architekturpreisen ausgezeichnet worden, denen sich in den darauffolgenden Jahren zahlreiche weitere anschließen sollten. Arbeitsstationen in den Büros der Stararchitekten Zaha Hadid in London und Santiago Calavatra in Zürich gingen seiner Tätigkeit als selbstständiger Architekt voraus, und niemand zweifelte daran, dass Ben van Berkel eine Brücke entwerfen würde, die in ihrer Ausformung weit mehr sein würde als ein zweckmäßiger Verkehrsweg über den wichtigsten Strom des Rhein-Maas-Deltas.

Die Erasmusbrug überzeugt durch ihre schlanke, grazile Ausgestaltung, die im Einsatz eines einzigen 139 Meter hohen Pylonen besteht. Der untere Teil des Pylonen ist A-förmig angelegt und verläuft nicht gerade, sondern schräg etwa 80 Meter nach oben. Hier vereinen sich die beiden Schenkel, um weitere 60 Meter nahezu senkrecht in den Himmel zu ragen. An diesem vertikalen Abschnitt sind auf der einen Seite 32 Schrägseile angebracht, die fächerförmig zum fest verankerten Teil der Brücke verlaufen. Sie tragen die Fahrbahn, bestehend aus beiderseitig angelegten Fußgänger- und Radfahr-

DATEN & FAKTEN

Standort	überspannt die Nieuwe Maas in Rotterdam
Bauphase	1994–1996
Konstruktionsart	Schrägseilbrücke mit integrierter Klappbrücke
Material	Stahl
Länge	802 Meter
Höhe	139 Meter
max. Spannweite	280 Meter
Verkehrsart	kombinierte Fußgänger-, S-Bahn- und Kraftfahrzeugbrücke

Benannt nach dem Philosophen Erasmus von Rotterdam, führt die Erasmusbrug über die Nieuwe Maas und verbindet dabei das Zentrum Rotterdams mit dem neuen Stadtteil Kop van Zuid.

Der elegante, weiß lackierte und leicht angewinkelte Pylon brachte der Erasmusbrug den Spitznamen „De Zwann", der Schwan, ein.

wegen sowie zweispurigen Fahrbahnen für Kraftfahrzeuge, die wiederum durch eine Schienenstrecke voneinander getrennt sind.

Auf der Rückseite des Pylonen führen zwei Paar Rückhalteseile zum beweglichen Teil der Brücke – einer Klappbrücke mit 89 Metern Spannweite. Durchschnittlich zwei- bis dreimal am Tag wird der 33 Meter breite Brückenträger emporgezogen, um großen Schiffen die Weiterfahrt auf der Nieuwe Maas zu ermöglichen. Dieses faszinierende Schauspiel findet vor der Skyline der quirligen Hafenstadt Rotterdam statt, die sich in den 1990er-Jahren mit der Erasmusbrug ein neues Wahrzeichen gesetzt hat.

REGEN-WIND-INDUZIERTE SCHWINGUNGEN

Am 4. November 1996 – zwei Monate nach der feierlichen Eröffnung der insgesamt 75 Millionen Euro teuren Brücke – musste die Erasmusbrug vorübergehend gesperrt werden: Kein Pkw durfte die Brücke befahren, kein Schiff sie unterqueren. Unerwartet heftige Schwingungen der 32 tragenden Schrägseile sowie leichte Torsionen des stählernen Überbaus machten diese Maßnahme unumgänglich. Wie sich herausstellte, handelte es sich um Regen-Wind-induzierte Schwingungen, die aus dem ungünstigen Zusammenspiel bestimmter Windstärken, Windrichtungen und Regenintensitäten resultierten (siehe auch Exkurs Brückenunfälle S. 18). Auf diese Weise entstand nicht nur an der Unterseite der Schrägseile ein Rinnsal, sondern auch an der jeweiligen Oberseite. Angesichts erdbeben-, sturm- und hochwassersicherer Brücken scheint es geradezu unglaublich, dass genau diese Rinnsale an der Oberseite für die Schwingungen verantwortlich sind, indem sie Umströmungen und schließlich asymmetrische Druckverteilungen verursachen. Zur Behebung des Problems brachte man an der Erasmusbrücke zunächst Störseile an, die später durch Kolbendämpfer ersetzt wurden, die zwischen dem Brückenträger und dem Seil liegen.

FRANKREICH

VIADUC DE MILLAU

Vom Hochplateau des Mont Lozère windet sich der Tarn über 380 Kilometer durch den Süden Frankreichs, um bei Moissac in die Garonne zu münden. In seinem oberen Abschnitt durchläuft er als wildwasserartiger Fluss enge Schluchten, ehe sich das Tal allmählich weitet und den Blick freigibt auf die einrahmenden Hochebenen wie Causse Rouge und Causse du Larzac, die nahe der Kleinstadt Millau durch die atemberaubende Brückenkonstruktion Viaduc de Millau in luftiger Höhe miteinander verbunden werden.

DATEN & FAKTEN

Standort	überspannt den Tarn nahe Millau
Entwurf	Michel Virlogeux, Sir Norman Foster
Bauphase	2001–2004
Konstruktionsart	Schrägseilbrücke
Material	Stahl und Spannbeton
Länge	2460 Meter
max. lichte Höhe	270 Meter
max. Höhe der Pylonen	343 Meter
max. Spannweite	342 Meter
Verkehrsart	Autobahnbrücke
Besonderheiten	P2, einer der insgesamt sieben Pylonen, ist mit insgesamt 343 Metern der derzeit höchste Pylon der Welt.

In 270 Metern Höhe führen die Fahrbahnen über das malerische Tal des Tarn und weisen das Viaduc de Millau im französischen Zentralmassiv damit als eine der höchsten Autobahnbrücken der Welt aus.

Millau kann durchaus als Berühmtheit bezeichnet werden. Jahrelang sorgte die 22 000-Einwohner-Gemeinde als verkehrstechnisches Nadelöhr für Schrecken bei den Staumeldungen, ehe sie Ende 2004 zum Inbegriff einer technischen Meisterleistung wurde: Am 14. Dezember 2004 weihte der damalige Staatspräsident Jacques Chirac das imposante Viaduc de Millau als damals höchste Autobahnbrücke der Welt ein. Mit 2460 Metern Länge überspannt es das Tal des Tarn und schließt zugleich die lang ersehnte Lücke in der insbesondere zu Urlaubszeiten stark frequentierten Autobahn A75, die das französische Zentralmassiv mit dem Mittelmeer verbindet.

Bereits in den 1980er-Jahren wurde die Dringlichkeit eines Brückenbaus offensichtlich: Schon damals schoben sich im Sommer Blechlawinen durch das Tal des Tarn und das idyllische Städtchen Millau, das seit Jahrhunderten für die Fertigung feinster Lederhandschuhe und für Roquefortkäse berühmt ist. Doch trotz aller Notwendigkeit einer Verkehrslösung galt es auch, kritischen Stimmen Raum zu geben: Millau werde endgültig von Touristenströmen und damit wirtschaftlich abgeschnitten, war die eine Sorge; die beeindruckende Landschaft werde durch eine alles dominierende Brückenkonstruktion ihren Reiz verlieren, die andere. Als in den 1990er-Jahren insgesamt sieben Architekten und acht Ingenieurbüros kontaktiert und um Entwürfe gebeten wurden, war man sich des sensiblen Themas also durchaus bewusst. Schlussendlich konnte ein Entwurf überzeugen, der aus der fruchtbaren Zusammenarbeit zwischen dem englischen Stararchitekten Sir Norman Foster und dem französischen Ingenieur Michel Virlogeux hervorging, der bereits als Urheber der Normandie-Brücke und der Vasco-da-Gama-Brücke in Lissabon überzeugt hatte und sich im Falle der Millau-Brücke erneut als visionärer und kreativer Konstrukteur erwies.

Mehr als 20 Jahre Planung gingen dem Bau voraus, der dann allerdings in nur gut drei Jahren fertiggestellt werden konnte.

DER ENTWURF:
DIE ENTDECKUNG DER LEICHTIGKEIT

Leichtigkeit – unter diesem Motto scheint der Entwurf für das Viadukt von Millau gestanden zu haben. Angesichts einer knapp 2,5 Kilometer langen Brückenkonstruktion, die 36 000 Tonnen Stahl und 206 000 Tonnen Beton beanspruchte und deren Pylonen höher gen Himmel ragen als der Eiffelturm, erscheint das Motto kühn. Doch in ihrem Bemühen, das Tarntal in seiner Schönheit zu bewahren und nicht durch eine übermächtige, alles erschlagende Brücke zu entweihen, strebten Virlogeux und Foster nach einer gleichermaßen grazilen wie eleganten Lösung und fanden diese in Gestalt einer achtfeldrigen Schrägseilbrücke.

Insgesamt sieben, zwischen 78 und 245 Meter hohe Spannbetonpfeiler erheben sich aus der Talsohle. Weist das Fundament eines jeden Pfeilers eine Grundfläche von bis zu 200 Quadratmetern auf, verjüngen sich die Pfeiler nach oben hin und teilen sich etwa 90 Meter unterhalb der Fahrbahn wie eine Stimmgabel, sodass es schließlich zwei schlanke Halbpfeiler sind, die sich im Übergang zur Fahrbahn auf eine Grundfläche von jeweils 30 Quadratmetern verjüngt haben. Oberhalb der Fahrbahn scheinen sich die geteilten Spannbetonpfeiler fortzusetzen. Tatsächlich jedoch handelt es sich um die aus Stahl gefertigten Pylonen, die von der Fahrbahn aus betrachtet weitere 87 Meter gen Himmel ragen. Gestalterisch greift jeder Pylon an seiner Basis die Idee des gespreizten Pfeilers auf, um wie ein umgedrehtes Y im oberen Bereich zusammenzulaufen. Von den Pylonen führen jeweils 22 Stahlseile fächerförmig auf die 32 Meter breite sechsspurige Fahrbahn.

Es ist eine der großen Besonderheiten des Viadukts von Millau, dass die Fahrbahnträger nicht aus Spannbeton, sondern aus Baustahl angefertigt wurden. Dies verschafft der Brücke ein gegenüber einer Betonbauweise deutlich geringeres Gewicht, was zugleich zwei ästhetische Vorteile mit sich bringt: Nicht nur die Anzahl der Schrägstahlseile, sondern auch die Konstruktionshöhe des eigentlichen Überbaus konnten dadurch erheblich reduziert werden. Beides trägt wesentlich zum filigranen Gesamteindruck der Brücke bei. Einen weiteren Beitrag zur optischen Leichtigkeit leisten die vielen Tausend Plexiglasschutzelemente an den Seiten der Fahrbahn, die als Windbrecher dienen und die Luftmassen auf den Fahrbahnen stabilisieren. Dank ihrer Transparenz nehmen sie der Brücke nichts von ihrer grazilen Erscheinung und gewähren den Autofahrern zugleich einen grandiosen Blick in die umgebende Landschaft – sofern das Tal oder die Fahrbahn, die immerhin 270 Meter über dem Tarn verläuft, nicht in Wolken gehüllt sind.

Insgesamt sieben Spannbetonpfeiler mit maximalen Höhen von 245 Metern erheben sich aus dem Tal des Tarn.

Die Pylonen, die sich im Mittelteil jeweils in zwei schlanke Halbpfeiler teilen, verleihen dem Bauwerk seine ausgesprochene Leichtigkeit.

KOSTEN UND FINANZIERUNG

Mit dem Viadukt von Millau hat sich Frankreich ein technisches Denkmal der Extraklasse gesetzt, das jedoch auch mit gigantischen Investitionskosten in Höhe von knapp 400 Millionen Euro verbunden war. Nicht der französische Staat übernahm diese Kosten, sondern das privatwirtschaftlich geführte Bauunternehmen Eiffage du Viaduc de Millau, das im Gegenzug eine Mautkonzession über 75 Jahre erhält. Autofahrer, die das Viadukt von Millau befahren, zahlen derzeit zwischen 6 und 10 Euro Mautgebühren. Sie „erkaufen" sich damit jedoch nicht nur eine beträchtliche Zeitersparnis, sondern werden mit einem fantastischen Blick von einer der schönsten Brücken Europas belohnt.

MONTAGE IM TAKTSCHIEBEVERFAHREN

Nicht nur in der Gestaltung, sondern auch bei den Montageverfahren setzte das Viaduc de Millau neue Maßstäbe. In einem ersten Schritt wurden die sieben Pfeiler errichtet, zwischen die Stützpfeiler aus Stahl gesetzt wurden. In einem zweiten Schritt schob man die Fahrbahnträger von den Widerlagern aus schubweise ein: In diesem sogenannten Taktschiebeverfahren wurden pro Feldweite, also im Bereich zwischen zwei Pfeilern, jeweils zwei 171 Meter lange Abschnitte eingeschoben. Erst dann befestigte man die Fahrbahnträger mittels Stahlseilen an den Pylonen, trug 9500 Tonnen Asphalt auf, verdichtete dies zu einer 8 Zentimeter dicken Fahrbahnschicht und entfernte schlussendlich die Stütztürme. Nie zuvor hatte man beim Taktschiebeverfahren mit Abschnitten dieser Größenordnung gearbeitet. Nicht zuletzt dieses Verfahren ermöglichte die Konstruktion des Überbaus in einer Rekordzeit von nur 15 Monaten.

FRANKREICH

PONT DU GARD

Als sich die einstige Römerstadt Nemausus – das heutige Nîmes – im 1. Jahrhundert v. Chr. mehr und mehr ausdehnte, wurde die Wasserversorgung der Stadt zu einem drängenden Problem. Quellen und Brunnen konnten den Bedarf der wachsenden Bevölkerung nicht länger decken, und so entschloss man sich zum Bau eines 50 Kilometer langen Aquädukts, mit dessen Hilfe das Wasser der nordwestlich gelegenen Eure-Quellen nahe Uzès in die römische Stadt befördert werden konnte. Der Pont du Gard, der 1985 zum Weltkulturerbe erklärt wurde, stellt zweifelsohne das spektakulärste Teilstück dieses antiken Meisterwerks dar.

Knapp 20 Kilometer Luftlinie liegen zwischen den Eure-Quellen und der südfranzösischen Stadt Nîmes. Dass die antike Wasserleitung die 2,5-fache Strecke umfasst, ist einem topografischen Umstand geschuldet: den Garrigues de Nîmes, die sich nördlich der Stadt bis zum Tal des Gardon erstrecken und ein 370 Quadratkilometer großes Areal umfassen. Die Strauchheidelandschaft, in der die berühmten Wildkräuter der Provence gedeihen, ist durchsetzt mit bis zu 210 Meter hohen Plateaus. Da die Eure-Quellen rund 130 Meter tiefer liegen als die Plateaus, ließ sich das Prinzip eines stetigen Gefälles vom Ursprungs- bis zum Bestimmungsort in einer direkten Verbindung nicht umsetzen. Eine Umgehung der Garrigues war damit zwingend und zog einen 30 Kilometer langen Umweg nach sich. Angesichts der Tatsache, dass mehr als zwei Drittel der Wasserleitung unterirdisch verlaufen und folglich in den Fels geschlagen wurden, kann man den enormen Aufwand dieser Umgehung unschwer ermessen. Und dies war nicht die einzige Herausforderung, der sich die Konstrukteure und die vielen Hundert Arbeiter zu stellen hatten.

DATEN & FAKTEN

Standort	überspannt das Gardon-Tal nahe Remoulins
Bauphase	1. Jh. n. Chr.
Konstruktionsart	Steinbogenaquädukt
Material	Kalkstein
Länge	274 Meter
Höhe	49 Meter
max. Spannweite	24,5 Meter
Verkehrsart	Wasserleitung und Straßenbrücke (nicht mehr nutzbar)

Besonderheiten: Die hohe Stabilität der Brücke seit nahezu 2000 Jahren beeindruckt umso mehr, bedenkt man, dass die beiden unteren Ebenen ohne Zuhilfenahme von Mörtel errichtet wurden.

Er zählt zu den bedeutendsten erhaltenen Brückenbauwerken aus römischer Zeit: der Pont du Gard.

PONT DU GARD – EIN MEISTERWERK RÖMISCHER BAUKUNST

Es ist den intensiven Forschungen zum antiken Aquäduktbau zu verdanken, dass wir ein immer konkreteres Bild von der Planung und Konstruktion römischer Wasserleitungen und ihrer dazugehörigen Brückenbauwerke erhalten. Es gilt als gesichert, dass man wasserführende Brücken errichtete, noch bevor die kilometerlangen Gefälleleitungen angelegt wurden. Im Falle des Pont du Gard handelt es sich um ein dreistöckiges, im Rundbogenbau angelegtes Aquädukt aus gelbem Kalkstein, das 274 Meter lang und 49 Meter hoch ist. Sechs untere Bogen mit einer maximalen Spannweite von 24,5 Metern tragen die darüberliegenden elf Bogen, die wiederum von 35 deutlich kleineren Halbbogen gekrönt werden. Diese dritte Bogenreihe wurde mit einem mit wasserdichtem Beton ausgekleideten Kanal versehen, in dem nach der Fertigstellung des Aquädukts täglich durchschnittlich 20 000 Kubikmeter reinsten Trinkwassers Richtung Nemausus befördert wurden.

Was Archäologen, Ingenieure und Laien bis heute gleichermaßen fasziniert, ist die technische Leistung, die sich hinter dem römischen Bauwerk zeigt. Zwei Aspekte verdienen dabei besondere Beachtung: Der Höhenunterschied zwischen Uzès und Nîmes beträgt lediglich 12,18 Meter. Umgerechnet auf das 50 Kilometer lange Aquädukt bedeutet dies, dass mit einem durchschnittlichen Gefälle von nur 24,36 Zentimetern pro Kilometer gearbeitet werden konnte. Die Vermessung und Trassierung war eine höchst komplizierte und brisante Angelegenheit – bis heute weiß man nicht, wie die römischen Ingenieure derart exakte Vermessungen vornahmen –, denn geringfügige Fehler in der Berechnung konnten sich auf einer Dutzende Kilometer umfassenden Strecke verheerend auswirken und die Umsetzung des grundlegenden Bauprinzips eines konstanten Gefälles zunichtemachen. Da Messungs- und Berechnungsfehler aufgrund der immens hohen Kosten nicht nachträglich an der kilometerlangen Trasse korrigiert werden konnten, mussten mögliche Abweichungen des geplanten Höhenniveaus einer Trasse an den Brücken ausgeglichen werden, die im Vorfeld errichtet wurden.

Blick in das Innere der Wasserleitung, die bei einer Höhe von 1,80 Meter und einer Breite von 1,20 Meter ein Gefälle von 0,4 Prozent aufweist.

In der Planung des Pont du Gard scheint der Ingenieur diese Eventualität mit der Errichtung der obersten Bogenreihe berücksichtigt zu haben. Die untere und die mittlere Bogenreihe sind vor diesem Hintergrund gewissermaßen als „unumstößlicher" Kernbau zu verstehen; die wasserführende oberste Reihe konnte hingegen im Falle einer Abweichung mit einem vergleichsweise geringen Aufwand an die veränderte Trasse angeglichen werden. Wie sich herausstellte, sollte genau diese Korrektur in Form einer 46 Zentimeter umfassenden Erhöhung des Kanals nötig werden.

Die zweite technische Sensation ist die Bauweise der Brücke an sich. Von den Etruskern hatten die Römer das Prinzip des Rundbogenbaus übernommen, doch die Spannweiten bisheriger Brücken überschritten meist nicht die 5-Meter-Marke. Bei dem Pont du Gard umfasst der größte Bogen eine Spannweite von 24,5 Metern – noch nie hatte sich ein antiker Baumeister zu einer Bogenkonstruktion dieses

Ausmaßes hinreißen lassen. Für die Errichtung der Halbkreisbogen nutzte man keilförmig geschlagene, bis zu 2 Kubikmeter große Steinblöcke, die in einem nahe gelegenen Steinbruch passgenau geschlagen wurden. Dank des radialen Fugenschnitts wird die Last des Bogens an Stützpfeiler und Verankerungen übertragen und gewährt so eine außerordentliche Stabilität – die zudem ohne Bindemittel wie Mörtel auskommt. Außerhalb des Rundbogenbereichs zeigt sich die Bauweise des „opus quadratum", die sich durch eine gleichmäßige Anordnung quaderförmiger, gleich hoher Steinblöcke auszeichnet. Über 50 000 Tonnen Steinquader wurden in dem Pont du Gard verarbeitet. Um die zum Teil tonnenschweren Steinblöcke zu ihrem Bestimmungsort in teils 45 Metern Höhe zu befördern, bedienten sich die Römer riesiger Hebekräne samt Seilwinden und Holzrädern, die durch Sklaven im Laufschritt angetrieben wurden.

Indem sich im Pont du Gard höchste technische und ästhetische Ansprüche vereinen, entstand ein unvergleichliches, Maßstäbe setzendes Meisterwerk, das über 400 Jahre zuverlässig seinen Dienst als Wasserleitung leistete, bevor es durch Kalkablagerungen und Verunreinigungen seiner ursprünglichen Bestimmung beraubt wurde. Geblieben ist ein zeitlos schönes Baumonument, das – eingerahmt durch das idyllische Tal des Gardon – noch heute ein formvollendetes Zeugnis römischer Baukunst darstellt.

Mörtel wurde nur für die obere Bogenreihe verwendet, auf dem Bild unten sind noch die vorkragenden Steine für das Lehrgerüst zu erkennen.

FRANKREICH

PONT NEUF

Bereits die turbulenten Umstände in der knapp 30-jährigen Baugeschichte des Pont Neuf könnten als Vorzeichen auf die bewegten Zeiten interpretiert werden, in die die berühmteste Brücke von Paris in den folgenden 400 Jahren einbezogen sein sollte. Die Bogenbrücke hat alle historischen Umschwünge nahezu unbeschadet überstanden – anders als die aufgebrachten Royalisten, die sich im Oktober 1795 im Zuge der Französischen Revolution hier versammelten, um bald darauf von der übermächtigen Streitmacht Napoleons blutig niedergeschlagen zu werden.

DATEN & FAKTEN

Standort	überspannt die Seine in Paris im Bereich des 1. Arrondissement
Bauphase	ca. 1578–1607
Konstruktionsart	Bogenbrücke
Material	Stein
Länge	238 Meter
max. Spannweite	19 Meter
Verkehrsart	Straßen- und Fußgängerbrücke (noch in Betrieb)

Der Pont Neuf ist die älteste im Originalzustand erhaltene Brücke über die Seine in Paris. Blick vom Quai du Louvre auf die Île de la Cité

Als Heinrich III. Ende des 16. Jahrhunderts den Bau einer weiteren Seine-Brücke veranlasste, schwebte ihm eine neuartige Konstruktion vor. Von den bis dato bestehenden Brücken der Stadt blieb der freie Blick auf das Stadtpanorama oder den Fluss fast vollständig verwehrt, denn wie für die damalige Zeit üblich, drängten sich zu beiden Seiten der Brücke drei- bis viergeschossige Häuser, in denen Läden, Wechselstuben und Wohnungen untergebracht waren. Der Pont Neuf, die „neue" Brücke, sollte eine völlig andere Gestaltung erhalten – keine Gebäude, keine Überdachung, dafür der unverstellte Blick auf die Uferbereiche und die Stadt. Halbrunde Ausbuchtungen entlang der Brücke boten zwar noch einigen Händlern Platz zur Präsentation ihrer Waren, ansonsten vereinte die Brücke die Idee einer Flaniermeile mit der eines Verkehrsweges.

Am 31. Mai 1578 wurde im Rahmen eines feierlichen Festaktes und in Anwesenheit von Caterina de' Medici, der Mutter Heinrichs III., sowie von Louise de Vaudemont als Gattin des Königs der erste Grundstein gelegt. Bis 1588 konnte der Bau der steinernen Brücke insbesondere in den Sommermonaten, wenn die Seine für einen Zeitraum von rund drei Monaten trocken fiel, nahezu planmäßig fortgeführt werden. Doch dann erzwangen die Hugenottenkriege einen zehnjährigen Baustopp, in dessen Verlauf Heinrich III. ermordet, Heinrich IV. zum neuen König Frankreichs gekrönt und damit zum neuen „Bauherrn" des Pont Neuf wurde. In seiner Anwesenheit fand 1607, nahezu 30 Jahre nach Grundsteinlegung, die Einweihung der „Neuen Brücke" statt.

Der aus dem Kalkstein unterirdischer Pariser Steinbrüche errichtete Renaissancebau mit seinen zwölf Halbrundbogen überspannt die Seine auf einer Länge von 238 Metern, verbindet den Louvre mit dem Quartier Saint-Germain-des-Prés und führt dabei über die Nordwestspitze der Île de la Cité, dem eigentlichen Zentrum und Herzstück des alten Paris. Hier thront ein Reiterstandbild Heinrichs IV., dessen Original in den Wirren der Französischen Revolution 1792 entfernt und eingeschmolzen, 1818 durch die Spenden von Royalisten jedoch wieder als Kopie instandgesetzt wurde.

Unterhalb der Balustrade der Brücke finden sich Konsolen, die den Bürgersteig stützen und an die sich nach unten insgesamt 381 sogenannte Mascarons anschließen. Diese Halbplastiken mit ihren fratzenhaften Gesichtern von Fabelwesen und Göttern aus der antiken Mythologie mussten im 19. Jahrhundert aufgrund von Verfallserscheinungen sämtlich erneuert werden; ein Teil dieser außergewöhnlichen Dekorelemente kann man im Pariser Musée Carnavalet im Detail begutachten.

Verhüllter Pont Neuf: Nach neunjährigen Verhandlungen erhielt 1984 das Künstlerpaar Christo und Jean-Claude die Erlaubnis, die altehrwürdige Brücke mit 40 000 Quadratmetern sandfarbenem Stoff zu verhüllen.

BELEBTER MITTELPUNKT DES ALTEN PARIS

Der Pont Neuf, dessen heutiger Name irreführend erscheint angesichts der Tatsache, dass es sich mittlerweile um die älteste der insgesamt 37 Seine-Brücken in Paris handelt, wurde nach der Einweihung von der Bevölkerung sofort begeistert angenommen und zum Mittelpunkt des Pariser Lebens. Hier trafen Arm und Reich, Adelige, Bürger, Artisten, selbsternannte Doktoren und Krämer aufeinander. Breite, vor Schlamm geschützte Bürgersteige ermöglichten Fußgängern ein unbeschwertes Flanieren, während auf den Mittelstreifen Pferdekutschen und andere Fuhrwerke ungehindert ihren Weg von dem einen zum anderen Seine-Ufer fortsetzen konnten. Die Brücke entwickelte sich zum Knotenpunkt und zentralen Treffpunkt in der Stadt, so auch 1795, als sich Tausende Royalisten versammelten, um den Nationalkonvent von Paris zu stürzen – nur um sich bald darauf im Kampf gegen den 26-jährigen Napoleon Bonaparte ergeben zu müssen.

Aufstände, Fluten, Verkehrsbelastung und Umwelteinflüsse – abgesehen von Ausbesserungen und Schönheitskorrekturen hat der Pont Neuf die letzten 400 ereignisreichen Jahre unbeschadet überstanden. Im Sommer 1985 zog die berühmte Brücke noch einmal die Aufmerksamkeit der internationalen Presse auf sich: Vier Wochen lang verhüllten insgesamt 40 000 Quadratmeter sandfarbene Stoffe den Pont Neuf – eine Aktion des Künstlerehepaares Christo und Jean-Claude, die mehr als drei Millionen Besucher anzog.

Kalkstein aus den unterirdischen Pariser Steinbrüchen diente als Baumaterial des Pont Neuf.

SPANIEN

PUENTE DE ALCÁNTARA

Ein kleiner Tempel schmückt den Brückenkopf des Puente de Alcántara, der die tiefe felsige Schlucht des Tajo, in der Antike Targus genannt und mit dem portugiesischen Tejo identisch, überspannt. Dort findet sich auch eine Inschrift: „Ich, Gaius Iulius Lacer, berühmt durch göttliche Kunst, hinterlasse diese Brücke für ewig und alle Jahrhunderte der Welt. Auch ein Tempel ist nach dem Willen des göttlichen, römischen Kaisers errichtet worden, um Glück und Heil zu bringen für die gewaltige Brücke, dass sie nicht durch die Last verwüstet werde."

DATEN & FAKTEN

Verbindung	quert den Río Tajo bei der Stadt Alcántara in der Extremadura, wenige Kilometer von der portugiesischen Grenze entfernt
Bauphase	etwa 98–104 n. Chr.
Entwurf	Gaius Iulius Lacer
Konstruktionsart	Bogenbrücke
Material	Granit
Länge	180 Meter
Höhe	48 Meter
max. Spannweite	28,8 Meter
Verkehrsart	Fahrzeugbrücke
Besonderheit	größte vollständig erhaltene römische Brücke. Sie kann noch heute befahren werden.

Etwa in der Mitte der Brücke befindet sich ein Kaiser Trajan gewidmeter gut 14 Meter hoher Ehrenbogen.

Sie ist ein gewaltiges Monument römischer Baukunst, die Brücke, die weithin sichtbar die karge Landschaft der Extremadura beherrscht. Und so ist auch nicht die Brücke nach der unweit gelegenen Stadt Alcántara benannt, sondern vielmehr die Stadt nach der Brücke.

El Qantara oder Al Qantara bedeutet auf Arabisch „Brücke". Als die Mauren ab dem 8. Jahrhundert Spanien eroberten, gab es wohl kaum ein vergleichbares Bauwerk in der näheren Umgebung, und so bürgerte sich nicht nur dafür, sondern auch für die nahe Stadt der schlichte arabische Name ein. Der herausragende Eindruck, den die Brücke während der Eroberung der Iberischen Halbinsel auf die Invasoren hinterlassen haben mag, hielt diese jedoch Jahrhunderte später nicht davon ab, das steinerne Monument bei ihrem Rückzug aus Spanien und Portugal teils zu zerstören. Ein Schicksal, das der Puente de Alcántara noch einige Male erleben sollte. Doch die Schäden wurden immer wieder behoben, sodass die Brücke noch knapp 2000 Jahre nach ihrem Bau die Kunst des römischen Baumeisters Lacer verdeutlicht.

RÖMISCHE BAUKUNST IN SPANIEN

Im Auftrag des römischen Kaisers Trajan, einem in der spanischen Provinz gebürtigen römischen Herrscher, errichtete der Baumeister Gaius Iulius Lacer die steinerne Brücke als strategisch wichtigen Verbindungsweg einerseits und als Zeugnis römischer Macht bis in die tiefe Provinz hinein andererseits. Monumental dominiert das Bauwerk die einsame Extremadura, sechs steinerne Rundbogen auf bis zu 28 Meter hohen, sehr massiven und teils im Wasser gründenden Pfeilern.

Aufgrund des festen Gesteins in der Flusssohle kamen die Bauarbeiten im Flussbett ohne die in der Römerzeit üblichen doppelten Spundwände aus, die – zu einem Kasten zusammengesetzt – das Bauen von Brückenpfeilern im Trockenen ermöglichten. Stattdessen ließ Lacer lediglich Plattformen zur Gründung aus dem Fels schlagen und diese, um Unebenheiten auszugleichen, mit römischem „Beton" auskleiden. Dieser „Beton" ist – anders als das heutige, gleichnamige Material – neuesten wissenschaftlichen Untersuchungen zufolge deshalb so unglaublich lange haltbar, weil dem Gemisch aus Kies und opus caementitium, einer frühen Form des Zements, Vulkanasche beigemischt wurde. Sie scheint das für die extreme Langlebigkeit von bislang 2000 Jahren verantwortliche Bindemittel zu sein.

Von diesem Fundament abgesehen aber ist der Puente de Alcántara ohne jede Form von Mörtel errichtet worden. Bei der als opus quadratum bezeichneten römischen Quaderbauweise werden regelmäßige Steinquader, im Fall der Alcántara-Brücke Granitblöcke, so aufeinandergesetzt, dass sich die verschiedenen Kräfte durch gegenläufige Drücke stabilisieren.

Die oberstromseitig keilförmig als Strombrecher errichteten Pfeiler tragen die sechs typischen halbkreisrunden Keilsteinbogen der Römer. Deren mittlere verfügen über eine Spannweite von 28,8 beziehungsweise 27,4 Metern, während die Spannweite der übrigen Bogen zu den Ufern hin symmetrisch abnimmt. Der Mittelpfeiler trägt über der Fahrbahn zudem einen Kaiser Trajan gewidmeten Ehrenbogen, der die Gesamthöhe der Brücke von 57 Metern Fahrbahnhöhe auf 62 Meter erhöht. Doch bereits mit ihrer eigentlichen Höhe war sie die höchste Brücke im Imperium Romanum.

Tempel am Brückenkopf des Puente de Alcántara mit der Grablege des römischen Architekten Gaius Iulius Lacer (links und oben rechts). Ehrenbogen Kaiser Trajans (unten rechts).

Symbol der Größe und des Einflusses des antiken Rom weitab vom Sitz des Kaisers. Noch heute vermag das imposante Bauwerk einen guten Eindruck von der einstigen Größe Roms zu vermitteln.

ZERSTÖRUNGEN UND WIEDERAUFBAU

Ganz dem Wunsch und der Vorsehung des Baumeisters entsprechend, wurde der Puente de Alcántara in der Tat nie durch eine Last zerstört, wohl aber immer wieder durch Kriege. Die Mauren zerstörten einen Bogen bei ihrem Rückzug aus Spanien, der erst im 16. Jahrhundert unter Carlos I. von Spanien wiederaufgebaut wurde.

Während des spanischen Erbfolgekriegs musste die Brücke im Jahr 1707 wiederum schwere Schäden hinnehmen, die zwar unter Carlos III. Ende des Jahrhunderts wieder behoben wurden, doch im Zuge der Napoleonischen Kriege wurde die Brücke erneut zerstört. Erst im Jahr 1860 konnte die wiederaufgebaute Brücke erneut in Betrieb genommen werden und blieb seitdem von größeren Schäden verschont.

DER KASTENDAMM DER RÖMER

Es ist ein Phänomen, das in vielen Bereichen des Alltags offenbar wird: dass das Wissen um Techniken verloren geht. Beim Brückenbau ist es das Wissen um die Errichtung einer trockenen Baustelle in Flussbetten, die eine ordentliche Gründung erlaubt. Dabei ist die Technik so beeindruckend wie einfach: Die Römer errichteten einen doppelwandigen Kastendamm dort, wo die Pfeilerfundamente entstehen sollten. Dicht an dicht wurden dazu Baumstämme ringförmig in das Flussbett geschlagen und zwar in Form von zwei Spundwänden, die in einem gewissen Abstand zueinander lagen. Der Zwischenraum zwischen den beiden Wänden wurde anschließend mit Lehm und Tonerde gefüllt, wodurch sie abgedichtet wurden, sodass aus dem innenliegenden Ring nur noch das Wasser abgeschöpft und später abgepumpt werden musste. Innerhalb dieses Kastendamms konnte nun trockenen Fußes gearbeitet werden.

SPANIEN

PUENTE DEL ALAMILLO

Wie die Harfe eines Riesen, gerade bereitgestellt, um gespielt zu werden – so wirkt der Puente del Alamillo, der in Sevilla über den Canal de Alfonso XIII, einen Seitenkanal des Río Guadalquivir, führt. Ein um 58 Grad rückwärts geneigter einzelner Pylon, von dem aus parallel zueinander die Kabel zur Fahrbahn gespannt werden, zeigt eindrucksvoll, warum diese Art der Seilspannung als Harfenform bezeichnet wird. Und die Konstruktion verdeutlicht weit stärker als eine Schrägseilbrücke mit senkrechten Pylonen, welche Funktion die Seile erfüllen. Denn die Brücke wirkt, als würde der Pylon ohne die Seile unweigerlich umstürzen.

Es gab viele Skeptiker, als der Ingenieur Calatrava seinen Vorschlag zur „Expo-Brücke" in Sevilla vorstellte. Es sollte die erste Schrägseilbrücke mit einem einzelnen gekippten Pylonen sein, die auf eine Verankerung im Widerlager mittels Rückhalteseilen verzichtete. Was mehr wie eine zarte weiße Skulptur denn eine Verkehrsbrücke anmutet, muss dennoch einer enormen Verkehrslast standhalten – was ein solch stark gekippter, „ungeschützter" Pylon bei starker Belastung nicht leisten könne, so die Kritiker des Ingenieurs. Heute hat die Konstruktion Calatravas die Räsonierer längst zum Schweigen gebracht, und es findet sich stattdessen eine Vielzahl von Anhängern und Nachahmern seiner Brückenkunst.

DATEN & FAKTEN

Lage	Sevilla
Verbindung	überbrückt den Canal de Alfonso XIII
Bauphase	1987–1992
Entwurf	Santiago Calatrava
Konstruktionsart	Schrägseilbrücke
Material	Stahl und Spannbeton
Länge	250 Meter
Höhe des Pylonen	142 Meter
max. Spannweite	200 Meter
Verkehrsart	Straßenbrücke

Der Puente del Alamillo war die erste Schrägseilbrücke ohne Rückverankerung weltweit.

IM GLEICHGEWICHT

Damit die Konstruktion Calatravas Bestand hat, musste ein Gleichgewicht geschaffen werden zwischen dem Pylonen und der Fahrbahn in ihrer maximalen Brückenspannweite. Der Ingenieur entwickelte daher einen stählernen Pylonen, der mit Beton umkleidet ist und die an den Schrägseilen aufgehängte Brückenfahrbahn allein mit seinem Eigengewicht stützt und im Gleichgewicht hält. Dem Vorwurf, starken Belastungen sei die Brücke nicht gewachsen, begegnete Calatrava durch eine leichte Biegsamkeit, die es dem Pylonen erlaubt, sich bei höherer Belastung ein wenig aufzurichten.

EINE BRÜCKE MIT SYMBOLKRAFT

Kraniche sollen Santiago Calatrava zum Aufbau des Puente del Alamillo inspiriert haben. Und so zeigt auch die Spitze des schneeweißen Pylonen einen elegant-stilisierten Kranichkopf. Dabei wird sich der Ingenieur der Symbolkraft des edlen Tiers durchaus bewusst gewesen sein: Langlebigkeit und Glück verspricht der Kranich, was durchaus als eine Vision auf die EXPO 92 und die Resonanz der neuen Bauwerke – insbesondere der Calatrava-Brücke – gewertet werden kann. Denn nicht nur, dass die Weltausstellung mit über 18 Millionen Besuchern ein unerwartet großer Erfolg war – die Brücke ist auch längst zum neuen Wahrzeichen Sevillas avanciert, eine moderne Attraktion am Rande der historischen Stadt.

26 Stahlseile verbinden Fahrbahn und Pylonen, dessen Spitze die stilisierte Form eines Kranichkopfes besitzt.

PORTUGAL

PONTE VASCO DA GAMA

In einem breiten, ausladenden Becken, das sich im Westen wieder verjüngt, mündet der Tejo, Portugals längster Fluss, in den Atlantik. Am nördlichen Ufer des seeähnlichen Gewässers, das die Portugiesen als Mar da Palha, als Strohsee, bezeichnen, breitet sich die Landeshauptstadt Lissabon aus. Mit den Städten am linken Tejo-Ufer war sie bis zum Jahr 1998 nur durch die Ponte 25. de Abril verbunden. Deren Name erinnert an die Revolution von 1974, durch die der Diktator Marcelo Caetano, Nachfolger des berüchtigten Diktators António de Oliveira Salazar, gestürzt wurde. Die Ponte Vasco da Gama dagegen, die seit 1998 die zweite Verbindung zwischen rechtem und linkem Ufer des Mar da Palha darstellt, beruft sich auf eine andere Sternstunde Portugals: auf die Entdeckung des Seewegs nach Indien durch den kühnsten Seefahrer des Landes, Vasco da Gama.

Alles drehte sich auf der Weltausstellung EXPO 1998 in Lissabon um den Ozean. 500 Jahre zuvor hatte Vasco da Gama den Seeweg rund um das Kap der Guten Hoffnung nach Indien entdeckt und damit den Weg Portugals zur führenden See- und Handelsmacht geebnet. Vieles auf dem unmittelbar am Tejo-Ufer gelegenen EXPO-Gelände im Osten Lissabons, dem heutigen Parque das Nações, dem Park der Nationen, erinnerte an den Entdecker: der Torre Vasco da Gama, ein Stahlaussichtsturm in Form eines Karavellensegels, die verschiedenen Pavillons zum Thema Ozean und eben die Vasco-da-Gama-Brücke, die vom Parque das Nações in einem weiten Bogen den an dieser Stelle 10 Kilometer breiten Tejo überquert.

DATEN & FAKTEN

Verbindung	überspannt das Tejo-Delta zwischen Lissabon am rechten und Montijo im Distrikt Setúbal am linken Tejo-Ufer
Bauphase	1995–1998
Entwurf	Armando Rito in Zusammenarbeit mit Michel Virlogeux
Konstruktionsart	Schrägseilbrücke mit vorgelagerten Balkenviadukten
Material	Stahlbeton und Stahl
Länge	17,2 Kilometer
lichte Höhe	47 Meter
Höhe des Pylonen	155 Meter
max. Spannweite	an der Hauptdurchfahrt der Schrägseilbrücke 420 Meter
Verkehrsart	Autobahnbrücke
Besonderheiten	Die Ponte Vasco da Gama ist die längste Brücke Europas.

2 PYLONEN, 192 KABEL UND 150 EINZELTRÄGER

Drei Jahre verblieben dem Konsortium verschiedener europäischer Bauunternehmen nach der Planung, um die Brücke zu realisieren. Ein knappes Unterfangen, das jedoch gelang. Nach einer Rekordzeit von nur 40 Monaten Bauzeit konnte Europas längste Brücke und das neue Wahrzeichen Lissabons schon Wochen vor Beginn der Weltausstellung am 29. März 1998 eröffnet werden. Imposant recken sich seitdem die beiden elegant konkav gewölbten, H-förmigen Pylonen 155 Meter in die Höhe und tragen die insgesamt 192 Kabel, also auf jeder Pylonseite 48 Stück. Angeordnet im modifizierten Fächersystem, ermöglichen sie die Hauptbrückenöffnung von 420 Metern. Daran schließt sich das Viadukt einer schlichten Balkenbrücke an, das auf 150 Einzelträgern lagert und in einem eleganten Bogen den Tejo quert.

VERKEHRSENTLASTUNG FÜR DIE HAUPTSTADT

Als einzige Verbindung zwischen Lissabon und den südlichen Städten jenseits des Tejo musste die damals noch nach dem Diktator Salazar benannte Brücke des 25. April – in ihrem Eröffnungsjahr 1966 mit einer Spannweite von 1013 Metern Europas längste Hängebrücke und als Doppelstockbrücke mit Fachwerkträgern gleichzeitig Auto- und Eisenbahnbrücke – täglich Tausende Pkw und Lkw bewältigen, die alle durch die engen Gassen der Lissaboner Altstadt geschleust wurden. Die zweite Brücke über den Tejo sollte die portugiesische Hauptstadt nun im Verkehr entlasten, indem sie täglich rund 52 000 Fahrzeuge um die Stadt herum Richtung Süden und Osten ableitet. Heute hat sich auch auf der Ponte Vasco da Gama das Verkehrsaufkommen stark erhöht: Im Durchschnitt nutzen etwa 130 000 Fahrzeuge täglich die Brücke, um innerhalb von 15 Minuten von einem zum anderen Tejo-Ufer zu wechseln.

PORTUGAL

PONTE MARIA PIA

Es war der günstigste Entwurf zum Bau der Douro-Brücke zwischen Porto und dem gegenüberliegenden Städtchen Vila Nova de Gaia, dem Zentrum der Portweinherstellung, für den sich die königliche Eisenbahngesellschaft von Portugal im Jahr 1875 entschied. Und doch sollte er wegweisend für die kommenden Eisenbrücken der Structural Art sein, der Entwurf von Théophile Seyrig, Ingenieur in der Firma Gustave Eiffels, mit dem er zusammen die Brücke realisierte. Die Ponte Maria Pia inspirierte Seyrig selbst zu seiner zweiten Douro-Brücke, der Ponte Dom Luís I., vor allem aber Eiffel zum Garabit-Viadukt in der französischen Auvergne, das heute als das Meisterwerk unter den Structural-Art-Brücken gilt.

Ein rasch fließender Fluss über einem lockeren Kiesbett, ein enges Tal und eine Wassertiefe von rund 20 Metern bei Flut waren die natürlichen Bedingungen, die die Ingenieure beim Entwurf ihrer Brücken berücksichtigen mussten. Hinzu kam die Vorgabe der Ausschreibung, eine Brücke für den Schienenverkehr zu konzipieren, der andere Anforderungen an die Konstruktion stellt als eine Kraftfahrzeug- oder gar Fußgängerbrücke. Diesen Widrigkeiten begegneten die meisten der an der Ausschreibung teilnehmenden Ingenieure mit Entwürfen, die kostspielige und schwer zu errichtende Brückenpfeiler im Flussbett mit einrechneten. Lediglich zwei Entwürfe verzichteten auf stützende Mittelpfeiler im Flussbett zugunsten einer den Douro überspannenden Fachwerkbogenbrücke. Sie waren kostengünstiger und kamen in die engere Auswahl.

DATEN & FAKTEN

Verbindung	überspannt den Douro zwischen den Städten Porto und Vila Nova de Gaia
Bauphase	1875–1877
Entwurf	Théophile Seyrig für Gustave Eiffel
Konstruktionsart	Fachwerkbogenbrücke
Material	Schmiedeeisen
Länge	353 Meter
Höhe	61 Meter
Spannweite	160 Meter
Verkehrsart	Als eingleisige Eisenbahnbrücke konzipiert, wurde sie 1991 stillgelegt und durch die neue São-João-Brücke ersetzt. Heute ist die Maria-Pia-Brücke ungenutzt.

Die Ponte Maria Pia (oben) und die Ponte Dom Luís I. (unten)

EINE MONDSICHEL BRINGT STABILITÄT UND REDUZIERT DIE KOSTEN

Ein Bogen mit einer Spannweite von 160 Metern überspannt den Douro und stützt einen horizontalen Gitterträger, der die Eisenbahntrasse trägt: Das ist die einzige Gemeinsamkeit, welche die beiden ausgewählten Bogenbrückenentwürfe haben. Denn während Seyrig einen eleganten Sichelbogen konstruiert, der – durch mehrere vertikale Träger unterstützt – einen fast zierlichen Gitterträger für die Eisenbahntrasse stützt, läuft der Bogen des Gegenentwurfs spitz, beinahe wie ein Giebel zu. Das hat nicht nur ästhetische Auswirkungen auf den dadurch wesentlich wuchtigeren aufliegenden Fachwerkträger, sondern auch finanzielle. Eiffel konnte den Bau der Brücke 30 Prozent günstiger anbieten als sein Konkurrent, da er mit Seyrigs Entwurf einerseits deutlich weniger Material benötigte, und weil er andererseits längst dazu übergegangen war, die einzelnen Teile seiner Konstruktionen im Werk vorzufertigen und diese mit erheblich weniger Arbeitsaufwand am eigentlichen Standort zusammenzufügen. Ein weiterer Vorteil dieser Vorgehensweise: Auf den Baustellen Eiffels kam es zu deutlich weniger Unfällen als auf vergleichbaren Baustellen, auf denen die Brücken komplett gefertigt werden mussten.

DIE ZWEITE PORTO-GAIA-VERBINDUNG

Zur Zeit ihrer Entstehung hatte die Ponte Maria Pia, benannt nach der damaligen Königin von Portugal, die größte Bogenbrückenspannweite der Welt, doch schon ein Jahr nach ihrer Fertigstellung wurde sie von der wenige Hundert Meter flussabwärts, ebenfalls von Théophile Seyrig geplanten und errichteten zweiten Douro-Brücke um 12 Meter Spannweite übertrumpft. Anders als die Ponte Pia Maria ist die Ponte Dom Luís I keine Sichelbogenkonstruktion; der Bogen ist am Scheitel deutlich schlanker als an den Auflagern. Zudem verlaufen die Fahrbahnen auf zwei Ebenen: Der Gitterträger oberhalb des Bogens trägt Gleise für die Straßenbahn und einen Fußgängerweg, auf einer weiteren Ebene zwischen den Endpunkten des Bogens fließt der Verkehr. Mit dem Entwurf stach Seyrig seinen ehemaligen Arbeitgeber Gustave Eiffel – der ihn zwischenzeitlich wegen finanzieller Differenzen gefeuert hatte – bei der Ausschreibung aus, galt sein Entwurf doch als harmonischer.

Bau der Ponte Maria Pia über den Douro in den Jahren 1875–1877.

DER HÖHEPUNKT DER EIFFELSCHEN BRÜCKEN

Den Ruhm allerdings für diese beiden Brücken trägt nach wie vor Gustave Eiffel. Obwohl er an der Dom-Luís-Brücke unbeteiligt war und auch der Entwurf zur Maria-Pia-Brücke aus Seyrigs Feder stammt: Zugeschrieben werden sie zumeist dem Erbauer des Eiffelturms. Wohl auch, weil die Weiterentwicklung der Konstruktion der ersten Douro-Brücke Portos als Höhepunkt der Structural-Art-Brücken angesehen wird: Mit dem Garabit-Viadukt über die Truyère in Zentralfrankreich gestaltete Eiffel eine Sichelbogenbrücke, die sich optisch vor allem darin von den Douro-Brücken unterscheidet, dass der horizontale Gitterträger komplett auf dem Scheitel des nun auch höheren Bogens aufliegt, während jener der Douro-Brücken von dem Bogenscheitel unterbrochen wird.

Errichtet wurden im Übrigen alle drei Brücken noch aus dem im sogenannten Puddelverfahren hergestellten, sehr kohlenstoffarmen Schmiedeeisen, obwohl Stahl bereits erfunden und auch durchaus in Verwendung war. Die beiden Ingenieure kannten sich – wie Eiffel in einem Vortrag einmal unumwunden zugab – mit dem neuen Material noch nicht aus.

WALES

PONTCYSYLLTE AQUEDUCT

Die hohe, äußerst schlanke Gestalt des Pontcysyllte-Aquädukts in Wales lässt keinesfalls vermuten, dass dieses technische Glanzstück aufgrund der 1,5 Millionen Liter Wasser, die sich in der Fahrrinne der Trogbrücke befinden, gewaltige Lasten trägt – und das seit nunmehr 200 Jahren. Die Brücke ist Bestandteil eines umfassenden Kanalnetzes, das England und Wales durchzieht und in erster Linie errichtet wurde, um strategisch wichtige Industriestandorte per Wasserweg zu verbinden. Heute spielt hier die Freizeitschifffahrt die entscheidende Rolle, und für alle, die dem Llangollen-Kanal folgen, ist das Pontcysyllte-Aquädukt inmitten der walisischen Berge der absolute Höhepunkt dieser Reise.

DATEN & FAKTEN

Verbindung	überspannt den Fluss Dee in der Grafschaft Wrexham in Wales
Bauphase	1795–1805
Erbauer	Thomas Telford und William Jessop
Konstruktionsart	Bogenbrücke
Material	Brückenpfeiler aus Stein, Fahrrinne aus Gusseisen
Länge	307 Meter
lichte Höhe	38 Meter
max. Spannweite	13,7 Meter
Verkehrsart	Trogbrücke für den Llangollen-Kanal
Besonderheiten	2009 wurde das Pontcysyllte-Aquädukt in das Register des UNESCO-Weltkulturerbes aufgenommen.

Ursprünglich sah der Plan vor, einen künstlichen Wasserweg zwischen Ellesmere Port südlich von Liverpool und Shrewsbury zu schaffen und dabei die Eisenhütten- und Kohleproduktionsstätten zu verknüpfen. Der Entwurf wurde in dieser Form nie umgesetzt, doch heute können Freizeitschiffer einen Seitenstrang des Shropshire Union Main Canal bei Nantwich wählen, diesem in südwestlicher Richtung folgen, dabei die englisch-walisische Grenze überqueren und nach gut 70 Kilometern die Ortschaft Llangollen am Fluss Dee erreichen. Zwei Aquädukte liegen auf diesem Weg: das Chirk- und das Pontcysyllte-Aquädukt. Letzteres wurde 1805 für die Schifffahrt freigegeben, nachdem man sechs Monate die Stabilität und Dichtungsfähigkeit der Brücke auf die Probe gestellt hatte.

Ein sogenanntes Narrowboat befährt das Pontcysyllte Aqueduct. Die 3,35 Meter schmale Fahrrinne wurde vor allem für diesen traditionellen englischen Bootstyp ausgerichtet.

DIE KONSTRUKTION

Als der Brite Thomas Telford zum Chefingenieur des geplanten Ellesmere-Kanals ernannt wurde und damit auch der Bau eines Aquädukts über den Fluss Dee in seine Verantwortung fiel, befand sich England im „Kanalfieber". In der ersten Hälfte des 19. Jahrhunderts entstand im Königreich ein Kanalsystem von insgesamt 7500 Kilometern Länge – mit einer entsprechend hohen Anzahl an Schleusen und Aquädukten. Telford hatte bereits 1797 ein 57 Meter langes gusseisernes Aquädukt als Bestandteil des Shrewsbury-Kanals konstruiert, das mit wenigen Metern Höhe jedoch weit weniger kühn und erhaben ausfiel als das Pontcysyllte-Aquädukt mit seiner maximalen Höhe von 38,7 Metern.

1795 begannen die Arbeiten. Insgesamt wurden 18 Stützpfeiler in gleichmäßigen Abständen zueinander errichtet, die nur im unteren Bereich massiv gearbeitet, weiter oben jedoch zur Gewichtsreduzierung als hohle Mauerwerkspfeiler konzipiert sind. Als Mörtel diente eine Mischung aus Kalk, der mit Ochsenblut und Wasser angerührt wurde. Auf den Pfeilern sitzen gusseiserne Bögen auf, die eine Spannweite von 13,7 Metern aufweisen und die eigentliche Rinne tragen. Diese wurde in einer Gießerei im nahe gelegenen Shrewsbury als Trog aus schweren Metallplatten gefertigt, wobei man die Verbindungsstellen zunächst mit in Zucker gekochtem Flanellstoff abdichtete und anschließend mit geschmolzenem Blei versiegelte.

Baupläne des Ingenieurs und Erbauers Thomas Telford. Im Vergleich mit anderen zeitgenössischen Aquädukten ist das Pontcysyllte Aqueduct im Hinblick auf seine Größe und Konstruktionsart einzigartig.

Der Kanal, der mit dem Wasser der Horseshoe Falls nahe Llangollen gespeist wird, kommt mit 3,35 Metern Breite und 1,60 Metern Tiefe relativ bescheiden daher. Doch Anfang des 19. Jahrhunderts waren diese Dimensionen für die mit Kohle, Schiefer, Kalk und anderen Gütern beladenen „Narrowboats" – ein langer, aber äußerst schmaler Bootstyp, der hohe Mengen Gewicht transportieren konnte – ausreichend. Ein gut 1 Meter breiter Treidelpfad verläuft leicht erhöht neben der Fahrrinne. Hier wurden einst die Pferde entlanggeführt, die die Lastkähne über das tiefe Tal des Dee zogen. Ein Geländer bewahrte die Tiere vor dem Absturz, so wie es heute den vielen Touristen, die den Treidelpfad begehen, ein Gefühl von Sicherheit gibt. Das sieht auf der anderen Seite der Fahrrinne ganz anders aus. Hier endet der Kanaltrog nur wenige Zentimeter über der Wasseroberfläche. Wer den Wasserweg wählt, sollte sich also gewiss sein, dass zur einen Seite hin ein unverstellter Blick garantiert ist – der nach unten hin aber auch 40 Meter Spielraum lässt. Sicherlich nicht jedermanns Sache ...

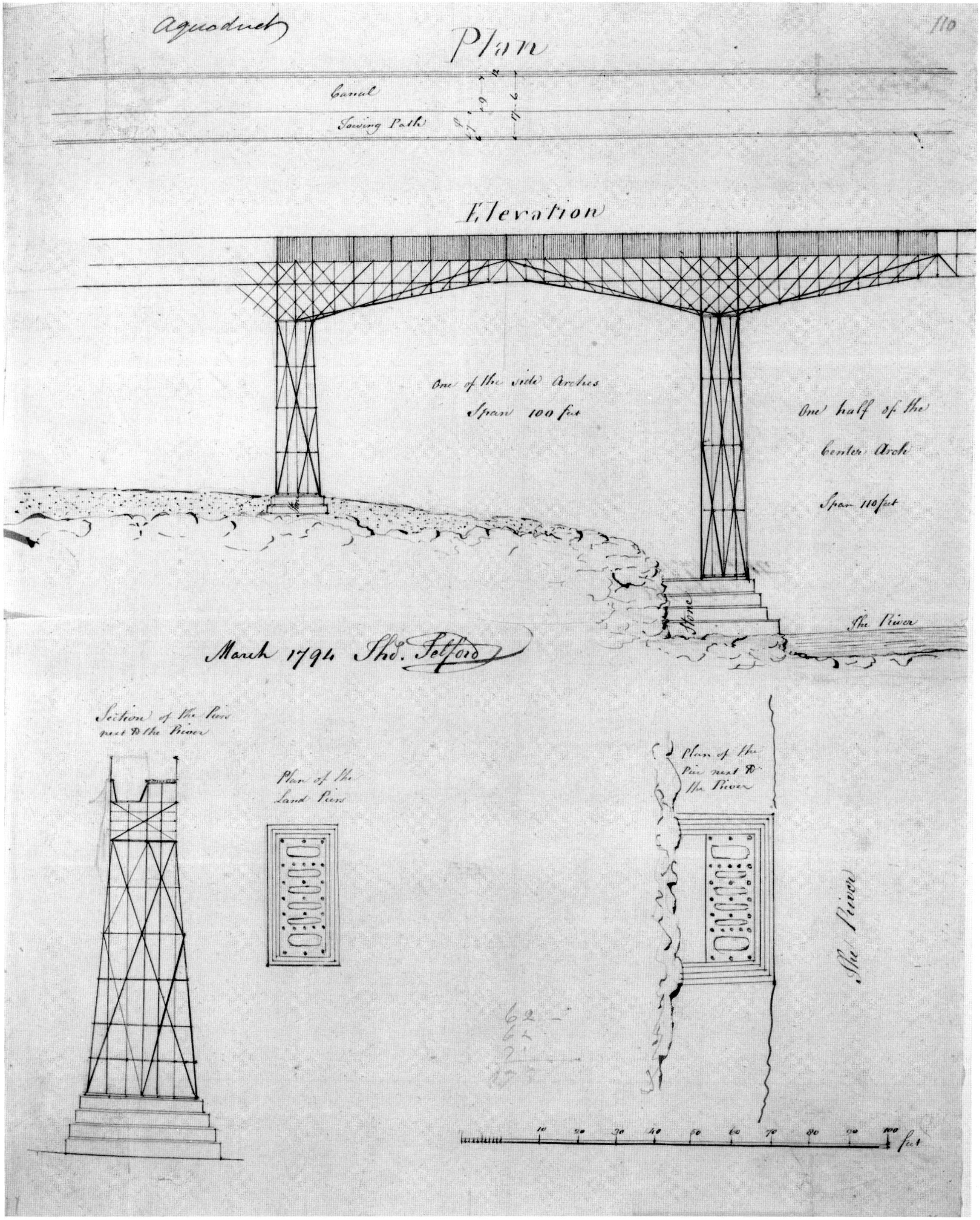
Aquaduct
110
Plan
Canal
Towing Path
Elevation
One of the side Arches
Span 100 feet
One half of the
Center Arch
Span 110 feet
The River
March 1794 Thos. Telford
Section of the Pier
next to the River
Plan of the
Land Piers
Plan of the
Pier next to
the River
The River
10 20 30 40 50 60 70 80 90 100 feet

Trotz oder gerade wegen dieses besonderen Nervenkitzels besuchen 300 000 Menschen pro Jahr das Pontcysyllte-Aquädukt, das Fürst von Pückler 1828 als ein Bauwerk beschrieb, „das den Römern Ehre gemacht haben würde." Und tatsächlich darf sich die walisische Trogbrücke durchaus in der Tradition des 1700 Jahre älteren Pont du Gard nahe Nîmes sehen.

Die gusseiserne Rinne führt in 38 Metern Höhe über den Fluss und wird flankiert von einem Treidelpfad.

SCHOTTLAND

BRÜCKEN ÜBER DEN FIRTH OF FORTH

Wer den Meeresarm Firth of Forth von der Nordsee kommend mit dem Schiff befährt und die schottische Hauptstadt Edinburgh an sich vorbeiziehen lässt, nähert sich schon bald zwei außergewöhnlichen Brücken, die an der schmalsten Stelle des Meeresarms die Verbindung zwischen Queensferry im Süden und North Queensferry im Norden schlagen. An ruhigen Tagen deutet nichts darauf hin, welche Ansprüche an die Stabilität der von Stürmen und Fluten gepeitschten Eisenbahn- und Autobahnbrücken gestellt werden, die 2016 durch eine dritte Brücke ergänzt werden: die Queensferry Crossing.

EISEN BAHN BRÜCKE

DATEN & FAKTEN

Standort	überspannt den Meeresarm Firth of Forth bei Queensferry
Bauphase	1882–1890
Erbauer	John Fowler, Benjamin Baker und William Arrol
Konstruktionsart	Auslegerbrücke
Material	Stahl
Auslegerbrücke	1625 Meter; mit Viadukt: 2460 Meter
max. Spannweite	521 Meter
Verkehrsart	Eisenbahnbrücke

Dem Bau der Eisenbahnbrücke Firth of Forth ging ein Drama voraus. Rund 50 Kilometer weiter nördlich – am River Tay – hatte man am 1. Juni 1878 die damals längste Brücke der Welt eingeweiht und in diesem Zuge den verantwortlichen Ingenieur Thomas Bouch als Anerkennung für diese technische Meisterleistung in den Ritterstand erhoben. Gut zwei Jahre später ereignete sich genau hier der bis dato schlimmste Unfall in der Eisenbahngeschichte des Landes, als bei einem Sturm ein Zug mit 75 Personen von der Brücke gefegt wurde und ins Wasser stürzte (siehe Exkurs Zugunglücke). Thomas Bouch war zu diesem Zeitpunkt mit der Planung der Eisenbahnbrücke über den Firth of Forth beschäftigt. Sein Entwurf sah die Konstruktion einer Hängebrücke mit zwei Hauptspannweiten von jeweils 500 Metern Länge vor. Nach dem Unglück warf man Bouch schwerwiegende Verfahrensfehler bei der Tay-Brücke vor und entzog ihm die Bauleitung für den Firth of Forth. Ihm folgten Sir John Fowler und Benjamin Baker, die mit ihrer Idee, eine gewaltige Auslegerbrücke über den Meeresarm zu bauen, das Vertrauen der Eisenbahngesellschaften und potenzieller Zuggäste wiedergewinnen konnten.

AUTO BAHN BRÜCKE

DATEN & FAKTEN

Standort	überspannt den Meeresarm Firth of Forth bei Queensferry
Bauphase	1958–1964
Konstruktionsart	Hängebrücke
Material	Stahl und Stein
Auslegerbrücke	1625 Meter; mit Viadukt: 2460 Meter
Gesamtlänge	2517 Meter (inklusive Viadukten)
max. Spannweite	1006 Meter
Verkehrsart	Autobahnbrücke

Stürme und Fluten stellen höchste Ansprüche an die Stabilität der Brückenkonstruktionen über den Firth of Forth, die Mündung des Flusses Forth.

Mit der Brücke über den Firth of Forth musste ein Meeresarm mit bis zu 60 Metern Wassertiefe und einer Ausdehnung von 2 Kilometern überwunden werden. Zudem hatte der Einsturz der Tay-Brücke gezeigt, dass Sturmböen in einer ganz besonderen Weise berücksichtigt werden mussten. Das Prinzip der Auslegerbrücke schien allen diesen Anforderungen gleichermaßen gerecht zu werden. Bei der klassischen Auslegerbrücke befindet sich an beiden Ufern jeweils eine Stützkonstruktion, über die Kragarme (auch Ausleger genannt) zur Mitte des Flusses ragen. Sie werden durch sogenannte Einhänge- bzw. Schwebeträger miteinander verbunden, die selbst keiner weiteren Stützkonstruktion bedürfen, sondern von den Kragträgern getragen werden. Im Falle der Forth Bridge gibt es drei doppelseitige Turmausleger, die auf jeweils vier Brückenpfeilern von 21 Metern Durchmesser verankert sind. Vom mittleren Turmausleger führen links und rechts Einhängeträger zum nächsten Stahlfachwerkträger. Für deren Bau wurden 53 000 Tonnen Stahl verarbeitet; allein der erste Neuanstrich verschlang 240 000 Liter Farbe.

Heute befahren rund 200 Züge täglich die Forth Bridge. Sie erreichen die Auslegerbrücke, die zu ihrer Eröffnung mit 521 Metern die weltweit längsten Stützweiten aufwies und 2014 von Großbritannien als Weltkulturerbe vorgeschlagen wurde, über Viadukte und überqueren den Firth of Forth in einer Höhe von 47 Metern. Die berühmte Eisenbahnbrücke stellt zugleich die wichtigste Verbindung zwischen Edinburgh und der Halbinsel Fife dar und führt Reisende von Süden in die im Norden liegenden Highlands von Schottland.

DIE AUTOBAHNBRÜCKE FORTH ROAD BRIDGE

Die Forth Road Bridge wurde als insgesamt 2,5 Kilometer lange Hängebrücke konstruiert. Zwischen den 156 Meter hohen Pylonen, die Querverstrebungen in Form des Andreaskreuzes aufweisen, liegt eine Spannweite von 1006 Metern. Von der Spitze der Pylonen führen 60 Zentimeter dicke Hauptkabel zu den Seitentürmen, an die sich Viadukte von 438 beziehungsweise 253 Metern anschließen.

Ursprünglich sollte die 1964 eröffnete Forth Road Bridge sämtlichen Kraftfahrzeugverkehr zwischen den beiden Ufern des Firth of Forth auffangen, doch bereits nach der Jahrtausendwende wurde die geplante Anzahl von elf Millionen Fahrzeugen pro Jahr um mehr als das Doppelte übertroffen. Eine Inspektion der Hängebrücke ergab, dass die Haupttragseile der Brücke durch Korrosion bis zu 10 Prozent ihrer Stärke verloren hatten. Eine weitere Belastung der Brücke in diesen Ausmaßen schien angesichts dieser Umstände unverantwortlich, und so entschied man sich für den Bau der Queensferry Bridge, die künftig die westlichste der drei Brücken bilden wird (siehe Exkurs).

Die 1890 fertiggestellte Eisenbahnbrücke ist noch immer in Betrieb und bis heute eine der größten Auslegerbrücken weltweit.

DIE DRITTE IM BUNDE – QUEENSFERRY BRIDGE

Drei Pylonen mit jeweils 207 Metern Höhe werden die Schrägseilbrücke Queensferry Crossing krönen, deren Eröffnung für Ende 2016 vorgesehen ist. Die Arbeiten begannen 2011 mit dem Bau der insgesamt 4 Kilometer langen Zufahrtsstraßen, ein Jahr später wurden Senkkästen auf dem Meeresgrund mithilfe von GPS positioniert. Nachdem durch Abpumpen des Wassers in den Senkkästen eine trockene Umgebung geschaffen wurde, konnte mit dem Auffüllen von jeweils 28 000 Kubikmetern Zement das Fundament der Pylonen entstehen. Seit 2013 arbeitet man über der Wasseroberfläche an der Fertigstellung der rund 1,86 Milliarden Euro teuren Brücke. Sie wird eine Gesamtlänge von 2,7 Kilometern erreichen, eine maximale Spannweite von 650 Metern aufweisen und mit zwei Fahrspuren plus Seitenstreifen in jeder Fahrtrichtung ausgestattet sein. Während die Forth Road Bridge zukünftig nur noch von Reisebussen, Radfahrern und Fußgängern genutzt werden wird, ist die Queensferry Crossing für den Ansturm sämtlicher Kraftfahrzeuge gewappnet.

ENGLAND

TOWER BRIDGE

„Plump und von bunter Hässlichkeit", „eine furchtbare Mixtur aus Stahl und gotischem Mauerwerk" und ein Zeugnis für den „beispiellosen Mangel an Proportionen" – dies sind nur einige der spöttischen Kommentare, die in den englischen Gazetten rund um die offizielle Einweihung der Tower Bridge am 30. Juni 1894 zu lesen waren. Heute, 120 Jahre später, sind die kritischen Stimmen nahezu verstummt. London blickt stolz auf eine unverwechselbare Brücke, die längst zum Wahrzeichen der Stadt geworden ist und trotz einer musealen Anmutung ihren Dienst als Verkehrsbrücke zuverlässig leistet, indem sie täglich 40 000 Menschen die Überquerung der Themse ermöglicht.

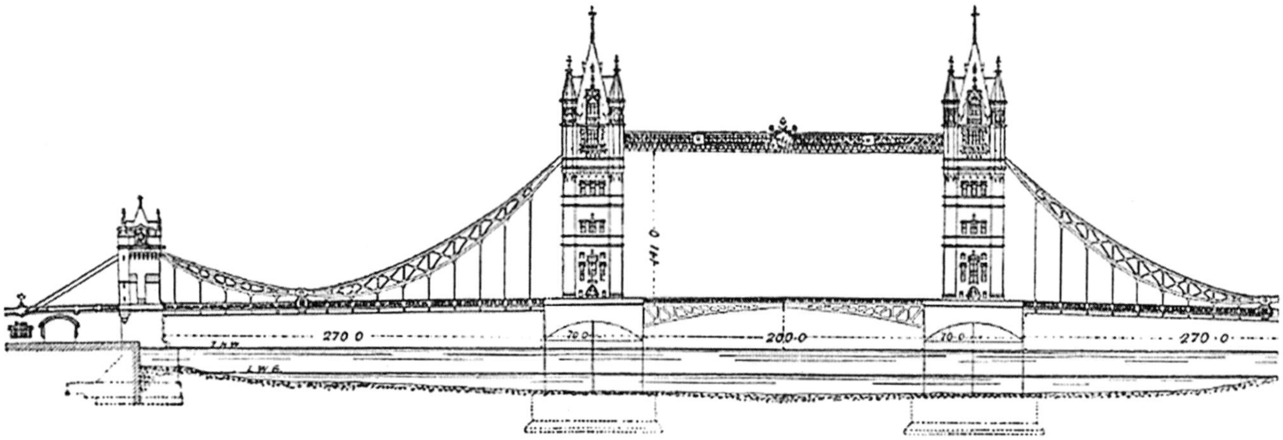

The Tower Bridge.

Length of Bridge with its approaches	2680 feet.	Depth of River at high water under central span,	33½ feet.
,, Northern approach	1000 ,,	,, ,, lowest tides ,, ,, ,,	12 ,,
,, Southern approach	800 ,,	Clear headway at high water when the leaves are down (varies from one part of the bridge to another)	20 to 29½ feet.
Width between N. and S. abutments.	880 ,,	Clear headway in centre span at high water with the leaves raised	143 feet.
,, of central span	200 ,,		
,, of side spans, each	270 ,,		

DATEN & FAKTEN

Standort	überspannt die Themse in London
Bauphase	1886–1894
Erbauer	Horace Jones und John Wolfe-Barry
Konstruktionsart	Kettenbrücke mit Klappbrücke
Material	Stahl und Kalkstein
Länge	286 Meter
Höhe Fußgängerbrücke	43 Meter
max. Spannweite	82 Meter
Verkehrsart	Kraftfahrzeug- und Fußgängerbrücke
Besonderheiten	1910 wurde die Fußgängerbrücke geschlossen und erst 72 Jahre später wieder freigegeben, als man zeitgleich das Tower Bridge Museum eröffnete.

Mitte des 19. Jahrhunderts sah sich die Londoner Stadtverwaltung gezwungen, dem stetig zunehmenden Verkehrsproblem insbesondere in den Hafengebieten des East End eine Lösung in Form eines Brückenbaus entgegenzusetzen. Die technischen Ansprüche an die Verkehrsbrücke waren enorm: Sie musste einerseits den Handelsschiffen freie Fahrt Richtung Hafen gewähren, durfte umgekehrt jedoch keine allzu steilen Zubringer aufweisen, an denen die damals üblichen Pferdefuhrwerke scheitern würden. Mehr als 50 Entwürfe wurden geprüft, den Zuschlag erhielt letztendlich der britische Architekt Horace Jones, der sich als Gestalter vieler Londoner Gebäude, unter anderem des prunkvollen Leadenhall Market, einen Namen gemacht hatte.

Im Maschinenraum der Tower Bridge verbirgt sich ein technisches Meisterwerk. Von Beginn an konnte die einst dampfbetriebene Hydraulik die 1100 Tonnen schweren Brückenklappen binnen 90 Sekunden öffnen und schließen.

Jones berücksichtigte bei seinem Entwurf der Tower Bridge die prägnanten Gebäude der Umgebung, allen voran den gewaltigen Komplex des Tower of London, der noch in den 1840er-Jahren einer grundlegenden Neugestaltung im neogotischen Stil unterzogen wurde. Um einen stilistischen Bruch zwischen Tower und nahe gelegener Brücke zu vermeiden, entschied man sich für eine aufwendige „Ummantelung" der beiden 65 Meter hohen Stahltürme mit Portlandkalkstein und Granit aus Cornwall. John Wolfe-Barry, der verantwortliche Bauleiter und Ingenieur, verband mit dieser baulichen Maßnahme den Wunsch, dass man bei der Betrachtung der Brücke – wie beim Anblick eines schönen Menschen – vergessen möge, dass sich im Inneren ein unästhetisches Skelett befinde, im Falle der Tower Bridge eines aus 11 000 Tonnen Stahl.

Die 65 Meter hohen und mit dekorreichen Fenstern und Fialen geschmückten Brückentürme gliedern die Tower Bridge in drei Segmente: Von den Ufern führt jeweils eine 82 Meter lange Kettenbrücke zu den neugotischen Türmen. Nicht immer waren deren sichtbare Stahlelemente in den Farben Rot, Weiß und Türkis/Blau angelegt. Ein ursprüngliches Graublau wurde zunächst durch Braun ersetzt, bis man sich anlässlich des 25-jährigen Thronjubiläums der Queen für die derzeitige Farbgebung entschied, die zum sechzigsten Thronjubiläum in einer 5 Millionen Euro teuren Maßnahme aufgefrischt wurde.

Türkis/Blau, Rot und Weiß sind die prägnanten Farben, in denen die Tower Bridge seit dem 25-jährigen Thronjubiläum der Queen im Jahre 1977 erstrahlt.

EIN WUNDERWERK DER TECHNIK – DIE KLAPPBRÜCKE

Das Herzstück der Tower Bridge ist die Einheit aus den beiden Türmen und der Kipp- und Fußgängerbrücke. Was die anachronistisch anmutenden Türme verbergen, ist, dass sich in ihrem Inneren eine komplexe und – insbesondere für das ausgehende 19. Jahrhundert – hochmoderne Technologie verbirgt, mit deren Hilfe die beiden Hälften der Klappbrücke bis zu einem Winkel von 86 Grad nach oben gezogen werden können, womit sich eine 61 Meter breite und 43 Meter hohe Fahrrinne für Schiffe eröffnet. Bis in die 1970er-Jahre hinein bediente man sich für das Öffnen und Schließen der Klappbrücke wasserhydraulischer Maschinen. Hierfür erzeugten vier mit Kohle geheizte Dampfkessel Druck, mit dem zwei Kolbendampfmaschinen angetrieben wurden. Sie pumpten Wasser in sechs große Hochdruckbehälter (Druckspeicher) – sogenannte Akkumulatoren –, die wiederum Antriebsmotoren mit der nötigen Energie versorgten, um die 1100 Tonnen schweren Brückenklappen über 400 Tonnen schwere Gegengewichte zu öffnen und zu schließen. Von Beginn an dauerte es nur etwa 90 Sekunden, bis die Brücke bis zu ihrem maximalen Grad geöffnet war – eine technische Meisterleistung des ausgehenden 19. Jahrhunderts.

Mittlerweile ist die Dampfhydraulik durch ein elektrohydraulisches Antriebssystem ersetzt worden. Und noch eine Veränderung hat sich in den letzten 120 Jahren eingestellt: Wurde der Mittelteil der Tower Bridge einst bis zu 6000-mal im Jahr für Schiffe oder bei besonderen Anlässen wie der Beisetzung Winston Churchills geöffnet, passiert dies heute nur noch rund 800-mal im Jahr. Mittlerweile sind es überwiegend Yachten und Kreuzfahrtschiffe, die den 61 Meter breiten Durchlass zwischen den beiden berühmten Brückentürmen nutzen – sofern sie ihre Durchreise 24 Stunden vorher angekündigt haben.

NERVENKITZEL FÜR SCHWINDELFREIE – DER GLÄSERNE SKYWALK

Die Tower Bridge ist um eine Attraktion reicher: Pünktlich zum 120-jährigen Jubiläum wurde die 43 Meter über der Themse verlaufende Fußgängerbrücke auf einem Teilstück mit Glasboden versehen. Der transparente Boden ermöglicht Besuchern den freien Blick auf die darunterliegende Kippbrücke – ein Anblick, der sich besonders spektakulär gestaltet, wenn die Brücke hochgefahren wird, um Schiffen die Durchfahrt zu ermöglichen.

Nicht alle Besucher reagieren gleichermaßen begeistert auf den dargebotenen Perspektivenwechsel. Dass zwei Wochen nach Einweihung des gläsernen Skywalks die Kombination aus einer zerbrochenen Glasflasche und hochhackigen Schuhen zum Bruch einer der Glasplatten führte, wird die Ängste all derjenigen, die die Stabilität derartiger Konstruktionen grundsätzlich infrage stellen, erheblich gesteigert haben. Ob der Hinweis, dass es sich dabei nur um eine von insgesamt fünf übereinanderliegenden Platten handelte, zur maßgeblichen Beruhigung aller Besucher beiträgt, ist indes fraglich.

DÄNEMARK/SCHWEDEN

ÖRESUNDBRÜCKE

Im Jahr 1991 unterzeichneten die Regierungen von Schweden und Dänemark einen Vertrag zum Bau einer ersten festen Verbindung zwischen den beiden Ländern. Eine Brücke sollte die Ufer der Öresund-Meerenge zwischen Kopenhagen und Malmö zusammenführen und damit die letzte Lücke einer direkten Landverbindung zwischen dem Nordkap und Mittel- und Südeuropa schließen. Neun Jahre später floss der erste Verkehr und zeigt seitdem ein stetiges Wachstum: Vor allem die Bürger Kopenhagens und Malmös rücken durch die Öresundbrücke näher zusammen, verlegen ihren Wohnort in das Nachbarland oder pendeln täglich zur Arbeit über die Meerenge hin und zurück. Davon ungehindert fließt auch der Schiffsverkehr weiter durch die Flint-Fahrrinne der Meerenge, denn die lichte Brückenhöhe wurde so konzipiert, dass auch die „großen Pötte" weiterhin freie Durchfahrt zwischen Nord- und Ostsee haben.

Mit zwei Küsschen auf der Brücke besiegelten Kronprinzessin Victoria von Schweden und Kronprinz Frederick von Dänemark am 14. August 1999 die Positionierung des letzten Brückenteilstücks, das die endgültige Fertigstellung und damit offizielle Eröffnung am 1. Juli 2000 einläuten sollte. Ein Akt, der im Nachhinein Symbolkraft entwickelt, hat die Brücke die beiden Nationen und insbesondere die Öresund-Anrainer doch tatsächlich verbunden und einander nähergebracht. Mittlerweile passieren allein 17 000 Pendler die Brücke täglich. Bei dem hohen Verkehrsaufkommen erwarten die Betreiber, dass die Baugesamtkosten von etwa 2 Milliarden Euro bereits im Jahr 2030 durch die erhobene Maut wieder eingenommen sein werden.

DATEN & FAKTEN

Offizieller, dänisch-schwedischer Hybridname	Øresundsbron (dänisch: Øresundsbroen, schwedisch: Öresundsbron)
Verbindung	quert den Öresund zwischen Kopenhagen (Dänemark) und Malmö (Schweden)
Bauphase	1995–2000
Bauherr	Øresundkonsortiet
Konstruktionsart	Schrägseil-Doppelstockbrücke mit Vorlandviadukten
Material	Stahl und Spannbeton
abgespannte Länge	1092 Meter
max. lichte Höhe	57 Meter
Höhe der Pylonen	204 Meter
max. Spannweite	490 Meter an der Hauptdurchfahrt
Verkehrsart	kombinierte Kraftfahrzeug- und Eisenbahnbrücke
Besonderheiten	Die Brücke stellt nur einen Teil der Verbindung über den Öresund dar: Im Westen schließt sich an sie ein 4 Kilometer langer Tunnel an, in dem Autobahn- und Bahntrasse nebeneinander verlaufen.

Die Öresundbrücke ist die längste Schrägseilbrücke der Welt, die sowohl dem Auto- als auch Eisenbahnverkehr dient.

ÜBER UND UNTER DEM MEER

Das Besondere an der Öresundverbindung ist nicht allein die Brücke. Es ist die Kombination aus einem Tunnel unter dem Meer, einer künstlichen Insel und der kilometerlangen Brücke über dem Meer, die die Überfahrt so abwechslungsreich gestaltet. Denn von Kopenhagen aus gesehen beginnt die Zufahrt zur Brücke durch einen Tunnel, der den Parallelverkehr von Autos und Eisenbahn störungsfrei für den nahen Kopenhagener Flughafen unter dem Meer hindurch zunächst auf die künstlich aufgeschüttete Insel Peberholm, Pfefferinsel, leitet. Der Name ist ein Verweis auf die nahe, aber natürliche Insel Salzholm, die Salzinsel, ein ausgewiesenes Naturschutzgebiet.

Satellitenaufnahme der Öresundbrücke, die Kopenhagen (links) mit Malmö (rechts) über die Meerenge hinweg verbindet: Rechts befindet sich die Brücke, an die sich links eine künstlich aufgeschüttete Insel und daran wiederum ein unterirdischer Straßentunnel anschließen.

Das rund 1,3 Quadratkilometer große Peberholm wurde aus dem bei den Unterwasser-Baggerarbeiten für Tunnel und Brückenpfeiler geförderten Material aufgeschüttet, mit Steinwällen und Geotextilien vor Erosion geschützt und dient als Übergang von dem Tunnel zur Brücke. Zunehmend lassen sich auf dem Eiland aber auch Zugvögel beobachten, die hier brüten oder auf ihrem Zug Rast einlegen.

Der Verkehr, der bis dato parallel zueinander verlief, wird auf Peberholm in zwei Ebenen auf die Brücke geleitet, zudem ist die Insel die letzte Möglichkeit für Rangierarbeiten der Bahn. Die untere Ebene der anschließenden Brücke, die aus einer stählernen Fachwerkkonstruktion besteht, bildet die zweispurige Eisenbahntrasse, die etwa 8 Meter höher verlaufende zweite Ebene die Fahrbahn für den Kraftfahrzeugverkehr. 3014 Meter verläuft die Brücke von Peberholm aus über den Öresund als Vorlandviadukt, bevor dieses in die eigentliche Schrägseilbrücke übergeht.

Zwei H-förmig angeordnete Pylonenpaare, jedes 204 Meter hoch und nur durch je eine Querstrebe unterhalb der Fahrbahn verbunden, spannen insgesamt 80 Seile in Harfenform auf und stützen die 1092 Meter lange Hochbrücke, bevor diese erneut in ein Vorlandviadukt von 3739 Metern Länge übergeht, das nach Malmö führt.

Ein besonderes Augenmerk legten die Brückeningenieure auf die Gestaltung des Fachwerks der Eisenbahnebene. Die regelmäßigen diagonalen Streben, die die beiden Gurte miteinander verbinden, sollen den Zugreisenden den ständigen raschen Licht-Schatten-Wechsel so erträglich wie möglich machen. Lediglich im Bereich der Schrägseile wird der Winkel jeder zweiten Strebe so verändert, dass sie das verankerte Seil optisch fortführt und verlängert.

ÖSTERREICH

HIGHLINE179

Ein einfaches Stahlgitterrost bildet den Fußweg der Highline179. Darunter: mehr als 100 schwindelerregende Meter Nichts. Erst am Grund des Reuttener Talkessels donnern scheinbar winzige Autos über die Fernpassstraße 179 Richtung Deutschland und Tirol. Wer sich traut, die Brücken-Abkürzung zwischen der Burg Ehrenberg und dem Fort Claudia im Ehrenberger Burgenland zu nehmen, der braucht starke Nerven und Schwindelfreiheit, wird dafür aber mit einem Adrenalinkick und spektakulären Aussichten belohnt.

Es ist eine Wanderung weit über den Baumwipfeln der österreichischen Bergwelt, ein Spaziergang durch die Lüfte, den Vögeln nahe und für 406 lange Meter fernab von aller Zivilisation, der Weg über die Highline. Gitterroste unter den Füßen, den Blick ins tiefe Tal gerichtet, die Flanken gesichert durch offenen, 1,35 Meter hohen Maschendraht. Wer eines der Drehkreuze an den Brückenköpfen durchschreitet, die dafür sorgen, dass nie mehr als 500 Menschen gleichzeitig die Brücke betreten, der tritt in eine andere Welt ein, die eigentlich nicht für den Menschen gemacht ist.

DATEN & FAKTEN

Lage	bei Reutte, Österreich
Verbindung	verbindet die Burgruine Ehrenberg mit dem Fort Claudia über den Reuttener Talkessel hinweg mit der Fernstraße B179
Entwurf und Planung	Architekturbüro Armin Walch
Bauphase	Mai bis November 2014
Konstruktionsart	Seilhängebrücke
Material	Stahl
Länge	406 Meter
max. Höhe	114,6 Meter
max. Spannweite zwischen den Auflagern	403 Meter
Verkehrsart	Fußgängerbrücke
Besonderheiten	Die Highline179 wird im Guiness-Buch der Rekorde als „längste Fußgängerhängebrücke im Tibet Style" gelistet.

ZWISCHEN WEHRANLAGEN GESPANNT

Historisch gehören die mittelalterliche Höhenburg Ehrenberg auf dem gleichnamigen Berg und das Fort Claudia auf dem gegenüberliegenden Falkenberg zusammen. Die heutige Burgruine, auf etwa 1200 Metern Höhe über dem Meer gelegen, und das Fort auf etwa gleicher Höhe sind Teile einer ehemals wichtigen Befestigungsanlage in den Alpen. Die schützte die frühere Zollstation Ehrenberger Klause und war vom Mittelalter bis ins frühe 18. Jahrhundert hinein heftig umkämpft. Als Österreich Ende des 18. Jahrhunderts schließlich seine Tiroler Wehranlagen aufgab und die mittelalterlichen Mauern nur noch als Steinbrüche dienten, begann allmählich der Wandertourismus die nun beschaulichen Ruinen für sich zu entdecken. Dieser einst beschwerliche Weg, hinab ins Tal, um nach steilem Aufstieg einen grandiosen Fernblick auf den jeweiligen Ausgangspunkt zu genießen, kann heute durch die neue Herausforderung der Brücke ersetzt werden. Sie ist ganzjährig geöffnet, darf allerdings nur mit leichtem Gepäck und ohne Kinderwagen betreten werden.

Die 406 Meter lange Hängebrücke verbindet die Burgruine Ehrenberg und die Überreste des Forts Claudia bei Reutte im Tiroler Außerfern.

EIN MODELLHUBSCHRAUBER IM EINSATZ

406 Meter zu überbrücken und Seilzüge zu spannen, ohne den im Tal fließenden Verkehr zu stören, ist kein einfaches Unterfangen. Doch die STRABAG AG ersann dafür eine so simple wie sinnvolle Lösung. Mithilfe einer kleinen Drohne wurde eine leichte Schnur von der Burg Ehrenberg zum Fort Claudia geflogen – was beim zweiten Versuch gelang. Daran wurden immer dickere Seile festgebunden, auf die andere Talseite gezogen, bis zuletzt das erste Tragseil mit einer Dicke von 65 Millimetern gespannt war.

Insgesamt sichern vier Tragseile – von 16 Felsankern gehalten – die 70 Tonnen schwere Brücke, die theoretisch 1000 Personen tragen könnte. Lediglich 500 Personen werden allerdings gleichzeitig von den Drehkreuzanlagen auf die Brücke eingelassen. Eine anscheinend notwendige Regulierung, denn bereits wenige Monate nach ihrer Eröffnung gilt die Highline179 beispielsweise unter US-amerikanischen Touristen – neben Schloss Neuschwanstein, Heidelberg, Rothenburg ob der Tauber, Venedig und Florenz – als eine der interessantesten Destinationen des Kontinents.

SCHWEIZ

KAPELLBRÜCKE

Als die Kapellbrücke von Luzern in der Nacht vom 17. auf den 18. August 1993 von Flammen zerstört wurde, gingen die Bilder dieses Infernos um die ganze Welt. 3,2 Millionen Euro hat der originalgetreue Wiederaufbau der überdachten Holzbrücke gekostet, der sich in einer Rekordzeit von nur acht Monaten abspielte. Seitdem haben Millionen Touristen das Wahrzeichen Luzerns genutzt, um die Reuss zu überqueren, die hier – eingerahmt vom schönsten Berg- und Städtepanorama – den Vierwaldstättersee verlässt und der Aare entgegenströmt.

DATEN & FAKTEN

Standort	überspannt die Reuss in Luzern
Bauphase	vermutlich um 1370
Konstruktionsart	überdachte Holzbrücke
Material	Holz
Länge	204 Meter
Verkehrsart	Fußgängerbrücke
Besonderheiten	Neueste dendrochronologische Untersuchungen von Jochpfählen legen die Vermutung nahe, dass die Kapellbrücke nicht – wie bislang angenommen – zwischen 1300 und 1333, sondern rund 40 Jahre später errichtet wurde.

Die Kapellbrücke wurde um 1370 als Wehrgang errichtet und verbindet bis heute die durch die Reuss getrennte Alt- mit der Neustadt Luzerns.

Der Schock saß tief, als man sich am Morgen des 18. Augusts des ganzen Ausmaßes der Brandkatastrophe bewusst wurde. Bis auf den Wasserturm und die beiden Brückenköpfe hatten die Flammen nichts als verkohlte Holzbalken übrig gelassen und zudem einen großen Teil der Bildtafeln (siehe Exkurs s. S. 149) zerstört. Luzern sah sich seines wichtigsten Wahrzeichens beraubt: der 204 Meter langen Kapellbrücke, die ihren Namen der St.-Peters-Kapelle verdankt, die das rechte Ufer der Reuss schmückt.

EINE BRÜCKE ZUR VERTEIDIGUNG

Konzipiert wurde die Kapellbrücke nicht allein als Brückenschlag zwischen den beiden Reuss-Ufern, sondern zunächst auch als Bestandteil einer Wehranlage und Stadtbefestigung, deren Mauern sich zu beiden Seiten der Brücke fortsetzten. Noch heute ist diese zusätzliche Funktion als Wehrgang an der erhöhten Brüstung auf der seezugewandten Seite zu erkennen. Von hier aus, so befürchtete man, könnte ein Angriff der Urkantone auf das einst von Habsburgern regierte Luzern stattfinden. Der achteckige Wasserturm in der Mitte der Brücke, der im Laufe der Jahrhunderte als Wach- und Leuchtturm, Schatzkammer und Gefängnis genutzt wurde, unterstützte den wehrhaften Charakter des ursprünglich 285 Meter langen Bauwerks, das im Verlauf seiner Geschichte mehrere Male verkürzt wurde.

Neben quadratisch angelegten Steinpfeilern im Bereich des Wasserturms sind hölzerne Pfahljoche das tragende Element der Kapellbrücke. Archäologische Funde wie im Zürichsee belegen, dass Jochpfahlbrücken bereits vor Jahrtausenden konstruiert wurden und Vorgänger für zahlreiche heute noch erhaltene Steinbrücken waren. Im Falle der Kapellbrücke rammte man dabei im Abstand von 8 Metern spitz zulaufende Holzpfähle in den weichen Seegrund und legte horizontale Jochhölzer am anderen Ende auf, die als Träger für den Wehrgang dienten. Für das 17./18. Jahrhundert ist belegt, dass als Material für die bis zu 16 Meter langen Pfahljoche junge Eichen aus dem Gebiet Luzerns verwendet wurden. Paare, die in Luzern heiraten wollten, verpflichteten sich im Gegenzug, zwei junge Bäume im Eichwald zu pflanzen, damit der Nachschub an Holz gesichert war.

Insbesondere Unwetter und Hochwasser, bei denen Treibgut mit den Fluten mitgerissen wurde, aber auch natürliche Verwitterung des Holzes erzwangen in den letzten 650 Jahren immer wieder mehr oder wenige umfassende Instandhaltungsmaßnahmen, die für alle Jahrhunderte belegt sind. So wurde beispielsweise 1968/69 – vor der verheerenden Brandkatastrophe – die gesamte Brücke abgebaut und neu gepfählt. Letzte größere Sanierungsmaßnahmen fanden Ende 2014 statt, nachdem bei einer Inventur der Brücke diverse Schäden an der Dachkonstruktion und der Dacheindeckung, bestehend aus 35 000 Biberschwanzziegeln, festgestellt wurden. Der Erhaltungsaufwand für die Kapellbrücke mag hoch erscheinen, doch ihre Zerstörung vor gut 20 Jahren hat gezeigt, dass diese historische Pfahljochbrücke längst weltweite Berühmtheit erlangt hat und zum wichtigsten und unaustauschbaren Aushängeschild von Luzern geworden ist.

Entstanden im Zeitalter der Gegenreformation, zeigte der ursprünglich 158 Tafeln umfassende Bilderzyklus Szenen und Geschichten aus der eidgenössischen und Luzerner Historie.

BILDTAFELN DER KAPELLBRÜCKE

Mit dem Brand vom August 1993 wurden nicht nur die Fußgängerbrücke, sondern mit ihr 85 der insgesamt 158 Bildtafeln, die als Bilderzyklus angelegt waren und den offenen Dachstuhl schmückten, komplett zerstört. Es sind Bilder im manieristischen Stil, die ab 1607 im Auftrag der Stadt – und dank eines groß angelegten Kunstsponsorings seitens vermögender Bürger – von dem in Zürich geborenen Maler Hans Heinrich Wägmann angefertigt wurden und Geschichten der eidgenössischen und insbesondere Luzerner Geschichte darstellen. Nach dem unwiederbringlichen Verlust vieler dieser Bildtafeln hat man von offizieller und Bürgerseite lange darüber diskutiert, die zerstörten Bilder, aber auch die noch erhaltenen Originale durch Kopien zu ersetzen. Schlussendlich hat sich die Stadt dagegen entschieden, eine Haltung, die auch als Bekenntnis zum Original und zur tragischen Geschichte des Brückendenkmals verstanden werden kann. Und so sind heute an den beiden Köpfen und in der Mitte der Brücke nach wie vor die unversehrten oder restaurierten Originale des Bildzyklus zu bewundern, während in anderen Bereichen der Kapellbrücke Lücken oder gar schwarze Bildtafeln ganz bewusst Zeugnis ablegen von dem Ausmaß der Brandkatastrophe von 1993.

SCHWEIZ

LANDWASSER-VIADUKT

2008 wurde das weltberühmte Landwasserviadukt nahe Filisur als Bestandteil des Gesamtkunstwerks „Rhätische Bahn in der Landschaft Albula/Bernina“ zum UNESCO-Weltkulturerbe ernannt. Zu diesem Zeitpunkt hatte das Bauwerk bereits mehr als ein Jahrhundert zuverlässig seinen Dienst als Eisenbahnbrücke getan und zugleich Hundertausenden Reisenden ein unvergessliches Erlebnis auf ihrer Fahrt durch das Albula-Tal beschert.

12 beschwerliche Stunden in der Postkutsche mussten Reisende in Kauf nehmen, wollten sie Ende des 19. Jahrhunderts die Strecke zwischen Chur und St. Moritz zurücklegen. Als die Schweizerische Bundesversammlung 1898 den Bau einer Bahnstrecke beschloss, verkürzte sich die Reisezeit auf 4 Stunden und versprach den Zuggästen zugleich die Befahrung eines technischen Meisterwerks in Gestalt des Landwasserviadukts. Der Bau der 65 Meter hohen Steinbogenbrücke war unumgänglich, führt die Bahnstrecke doch über den Landwasser, der sich nahe Filisur tief in den Fels gegraben hat und nur mithilfe einer angemessen hohen Brücke überquert werden kann. Die Antwort auf diese technische Herausforderung zeigt sich in Gestalt einer schlanken, auf fünf Pfeilern ruhenden Brücke, deren Gewölbebogen eine Spannweite von 20 Metern aufweisen. Angesichts ihrer ungemein grazilen Formgebung erscheint es geradezu unglaublich, dass die Brücke problemlos einer Belastung von 22 000 Zügen standhält, die jedes Jahr in einem ungewöhnlich engen Bogenradius von 100 Metern das Landwasser in schwindelerregender Höhe überqueren, um bald darauf in einen der beiderseits sich anschließenden Tunnel einzutauchen.

DATEN & FAKTEN

Standort	überspannt das Landwasser nahe Filisur
Bauphase	1901/1902
Konstruktionsart	Bogenbrücke
Material	Kalkstein
Länge	142 Meter
Höhe	65 Meter
max. Spannweite	20 Meter
Verkehrsart	Eisenbahnbrücke
Besonderheiten	Das Viadukt wurde ohne Zuhilfenahme von Gerüsten, sondern mittels eiserner Stütztürme errichtet, die anschließend mit eingemauert wurden.

DIE SANIERUNG DES VIADUKTS

Es kam einem Kunstprojekt à la Christo und Jean-Claude gleich, als im Sommer 2009 das Landwasserviadukt zunächst eingerüstet und dann in leuchtendrote Planen gekleidet wurde. Webcams dokumentierten diesen kontinuierlich fortschreitenden Verwandlungsprozess an dem erst im Jahr zuvor zum Weltkulturerbe erklärten Bauwerk. Eben diese Auszeichnung legte den Instandhaltungsmaßnahmen an der damals 106 Jahre alten Brücke auch klare Maßgaben auf: Das Äußere musste in dem Urzustand erhalten bleiben. Da sich das eigentliche Mauerwerk in einem guten Zustand befand, beschränkten sich die Instandhaltungsmaßnahmen, die überwiegend nachts durchgeführt wurden, um den regulären Zugbetrieb nicht unterbrechen zu müssen, auf die Erneuerung der Gleise und des Gleisunterbaus sowie die Neuverfüllung sämtlicher Fugen, die in der Summe immerhin 6000 Quadratmeter umfassen.

Im November 2009 konnten die Arbeiten planmäßig abgeschlossen werden. Seitdem ist das weltberühmte Viadukt wieder uneingeschränkt und unverhüllt zu bewundern – ein Erlebnis, das aus dem Flusstal des Landwassers einen ganz besonderen Reiz hat, denn auf diese Weise lässt sich das Majestätische der hoch aufragenden, sich verjüngenden Pfeiler des Baukunstwerks in der ganzen Dimension erfassen.

Täglich überqueren rund 60 Züge das Viadukt, das seit 2008 zum UNESCO-Weltkulturerbe zählt.

INNOVATIVES BAUEN – STÜTZTÜRME STATT GERÜST

In der Planung des Brückenbaus erwies es sich als ungemeiner Vorteil, dass man auf einen rund 500 Meter entfernten Kalksteinbruch zurückgreifen konnte, der über ein Feldbahngleis an die Baustelle angebunden wurde. Auf diese Weise war die lückenlose Versorgung mit insgesamt 9200 Kubikmetern Kalkstein gesichert, die noch heute das Mauerwerk schmücken. Von außen nicht sichtbar, bergen die drei Hauptpfeiler der Brücke eine Besonderheit: Sie umschließen eiserne Stütztürme, die bei der Errichtung des Mauerwerks ein Gerüst ersetzten und kontinuierlich nach oben verlängert wurden. Über vertikal von einem Pfeiler zum nächsten verlaufende Kranbrücken konnten wiederum Arbeiter und Baumaterial nach oben befördert werden. Diese für die damalige Zeit äußerst innovative Bauweise erwies sich als ebenso kostengünstige wie effektive Methode und trug entscheidend dazu bei, dass sich die Bauzeit des Viadukts auf nur 17 Monate beschränkte. Im Oktober 1902 konnte die Brücke fertiggestellt und im darauffolgenden Sommer für den Zugverkehr freigegeben werden.

Trotz ihrer Eleganz und aller Effektivität in der Konstruktionsweise steht die Landwasserbrücke für eine Zeit, in der sich die Ära der Steinbogenbrücken einem vorübergehenden Ende nähert. Der Grund: Beton setzt sich in vielen Bereichen als Baustoff durch und verdrängt spätestens in den 1930er-Jahren die seit Jahrhunderten gängigen Steinbrücken.

ITALIEN

PONTE VECCHIO

Versuche, in Florenz eine dauerhafte Brücke über den Arno zu errichten, gab es bereits bei den Römern, doch immer wieder sorgten verheerende Hochwasser für deren Zerstörung. Als in den 1330er-Jahren der Bau einer Steinbrücke in Auftrag gegeben wurde, zählte das von Bürgern regierte Florenz 100 000 Einwohner und konnte sich rühmen, mächtigste Stadt des Kontinents zu sein. Der auf Segmentbogen ruhende Ponte Vecchio zeugt von dem Stolz des florentinischen Bürgertums, das 100 Jahre später seine Macht an die aufstrebende Patrizierfamilie der Medici verlor, die mit dem Bau des Vasari-Korridors, der sich zu beiden Seiten der Brücke anschließt, einen sicheren Verbindungsweg zwischen den beiden Herrschaftssitzen Palazzo Vecchio und Palazzo Pitti errichten ließ.

Dem Bau des berühmten Ponte Vecchio ging eine historische Phase voraus, in der sich Florenz dank des hier damals ansässigen Tuch- und Wollverarbeitungsgewerbes zu einer ungemein vermögenden und einflussreichen Stadt aufschwang. 1333 verursachte ein Hochwasser gewaltige Schäden und zerstörte auch die Vorgängerbrücke des Ponte Vecchio. Die Stadtväter beschlossen die Errichtung einer neuen, steinernen Brücke, mit deren Planung vermutlich der Maler und Baumeister Taddeo Gaddi beauftragt wurde. Die Ansprüche an das Bauwerk waren klar definiert: Es sollte Hochwassern trotzen können, den Reichtum der Stadt repräsentieren und breit genug für Häuserzeilen mit Läden und Handwerksbetrieben sein.

DATEN & FAKTEN

Standort	überspannt den Arno in Florenz
Bauphase	1333–1345
Erbauer	vermutlich Taddeo Gaddi
Konstruktionsart	Bogenbrücke
Material	Stein
Länge	84 Meter
lichte Höhe	4,4 Meter
max. Spannweite	30 Meter
Verkehrsart	Fußgänger- und Radfahrerbrücke
Besonderheiten	Die Konstruktion mit drei äußerst flachen Segementbogen stellte eine für die damalige Zeit geradezu revolutionäre Bauweise dar.

Die älteste, mit Geschäften der Gold- und Silberschmiede gesäumte Brücke der Arno-Stadt: der Ponte Vecchio.

Taddeo Gaddi entschied sich gegen ein Brückenmodell mit halbkreisförmigen Bogen und setzte stattdessen auf flache Segmentbogen, bei denen das Verhältnis zwischen Bogenhöhe und Spannweite nicht länger zwingend bei 1:2 liegen musste, sondern zugunsten größerer Spannweiten und der damit verbundenen Einsparung von Pfeilern genutzt werden konnte. Diese anspruchsvolle Konstruktionsweise, die in Europa bis dato kaum angewandt worden war, bringt einen weiteren entscheidenden Vorteil mit sich: Mit Bogenhöhen von maximal 4,40 Metern gibt es zwischen dem Brückenweg und den umliegenden Straßen ein kaum spürbares Höhenniveau. Im Gegensatz zur Rialto-Brücke in Venedig, die auch Gondeln und Booten Durchfahrt gewähren muss und nur über viele Stufen zu überwinden ist, lässt sich der Ponte Vecchio deshalb sehr bequem und komfortabel überqueren.

Zwölf Jahre nahm der Bau des technischen Meisterwerks in Anspruch. Seit seiner Fertigstellung präsentiert sich der Ponte Vecchio als elegante 84 Meter lange Steinbrücke aus drei Segmentbogen mit Spannweiten von 27 Metern, 30 und wieder 27 Metern. Die Brücke ist mit Häuserzeilen versehen, die zu großen Teilen über den Rand der steinernen Brücke hinausragen. Über dem mittleren Bogen jedoch werden sie durch drei Arkadenbogen unterbrochen, die den Blick auf die Stadt Richtung Osten und Westen freigeben. Aus heutiger Sicht scheint es wenig wahrscheinlich, dass in den ersten Jahrzehnten viele Menschen von der Möglichkeit zum Panoramablick Gebrauch machten, denn es waren in erster Linie Gerber und Fleischer, die anfangs in den Häusern der Brücke ihrem Gewerbe nachgingen. Sie nutzten den Arno als kostenlose, unerschöpfliche Wasserquelle und zugleich als einen bequemen Weg zur Abfallentsorgung – eine Praxis, die insbesondere in den Sommermonaten nicht ohne beträchtliche Geruchsbelästigungen einhergegangen sein kann.

Diesem Vorgehen setzte Großherzog Ferdinando I. de' Medici im Jahre 1593 ein Ende. Die Medici, die für 300 Jahre die Geschicke von Florenz bestimmten und als Mäzenen zu Wegbereitern der Renaissance wurden, hatten 100 Jahre nach Fertigstellung des Ponte Vecchio die Herrschaft in der Stadt übernommen. Sie sorgten zugleich für die einschneidendste Umgestaltung der Brücke, denn diese lag zwischen dem Palazzo Vecchio und dem Palazzo Pitti – beides Herrenhäuser der Medici, die im Auftrag von Cosimo de' Medici über einen überdachten Korridor miteinander verbunden wurden, damit er sich – vor Wetter, Blicken und Anschlägen geschützt – zwischen den Häusern hin und her

Der Corridoio Vasariano (links) und Wohnbebauung auf dem Ponte Vecchio (unten)

Der zwischen 800 und 1000 Meter lange Corridoio Vasariano verbindet den Palazzo Vecchio mit dem Palazzo Pitti an der gegenüberliegenden Arno-Seite.

bewegen konnte. Im Bereich des Ponte Vecchio besteht die architektonische Lösung in einem Wandelgang, der über die Läden hinwegläuft. Dieser sogenannte Corridoio Vasariano trägt den Namen seines berühmten Architekten Giorgio Vasari, der sich bereits mit der Gestaltung der Uffizien in der Architekturgeschichte verewigt hatte.

Auch Cosimos Nachfolger aus dem Hause Medici nutzten den mehr als 800 Meter langen Korridor, unter anderem Ferdinando I., der schließlich den Metzgern und Gerbern ihr Handwerk unterhalb des Wandelgangs untersagte und die Ladenzeilen des Ponte Vecchio ausschließlich für Goldschmiede und Juweliere freigab. Diese Maßnahme aus dem Jahr 1593 hat bis heute überdauert: Noch immer reiht sich auf dem vielbesuchten Ponte Vecchio ein Schmuckladen an den nächsten. Die Geschäfte zeugen von der langen Tradition der „alten Brücke" in Florenz, die als einzige der städtischen Brücken von den Zerstörungen im Zweiten Weltkrieg verschont blieb und bis heute einen der wichtigsten Touristenmagnete der Stadt darstellt.

AUS DER TRAUM – DER PONTE DI MESSINA

Er hätte die längste und höchste Hängebrücke der Welt und ein Denkmal für den einstigen Ministerpräsidenten Silvio Berlusconi werden können, der den Bau des Ponte di Messina forcierte und die Fertigstellung des spektakulären Bauwerks großspurig für Ende 2016 angekündigt hatte. Computersimulationen zeigen, wie die Landverbindung zwischen Kalabrien und Sizilien aussehen könnte: Im Uferbereich der beiden Landmassen wird jeweils ein Pylon auf großflächig angelegtem Fundament errichtet. Die Pylonen sind für eine Höhe von knapp 383 Metern konzipiert und übertreffen damit sogar das Empire State Building um 1,5 Zentimeter. Über die Pfeilerspitzen verlaufen von Ankerblock zu Ankerblock 1,2 Meter dicke Stahlseile, die sich über 5,3 Kilometer erstrecken und ein Eigengewicht von knapp 167 000 Tonnen mit sich bringen – eine Ausstattung, die angesichts einer Hauptspannweite von 3,3 Kilometern unerlässlich ist. Das an den Seilen befestigte Tragwerk ist mit 60 Metern Breite geplant und soll in drei Einheiten unterteilt werden: Die beiden äußeren Fahrbahnen dienen dem Kraftfahrzeugverkehr, in der Mitte gibt es zwei Gleissysteme für Züge. Die Fahrbahn selbst schwebt 65 Meter über der Wasseroberfläche und gewährt nahezu allen Kreuzfahrt- und Containerschiffen die Möglichkeit zur Unterquerung der gigantischen Brücke, deren Verwirklichung Millionen Italiener entgegenfiebern.

Immer wieder in den letzten Jahrzehnten sorgte das Mega-Projekt für hitzige Debatten im italienischen Parlament: Befürworter des 6 bis 8,5 Milliarden Euro teuren Bauwerks betonen die Wichtigkeit einer derartigen Infrastrukturmaßnahme zur Unterstützung des isolierten und wirtschaftlich schwachen Südens. Gegner hingegen verweisen auf die Gefahr von Kostenexplosionen und der damit verbundenen Nicht-Finanzierbarkeit des Projekts und vor allem auf die äußerst schwierigen geologischen Ausgangsbedingungen, denn die Straße von Messina gehört zu einer der Mittelmeerregionen mit der stärksten seismischen Aktivität überhaupt.

Zuletzt sorgten die veranschlagten Kosten für das vorübergehende Aus des Ponte di Messina. Italien verabschiedet sich zunächst aus dem Projekt – vollständig in der Schublade verschwinden wird dieser Prestigebau mit Sicherheit nicht.

14.5

RUSSLAND

SCHIWOPISNY-BRÜCKE

In einem feuerroten ellipsoiden Bogen überspannt der Pylon der Schiwopisny-Brücke – selbst einer Brücke ähnlich – die Moskwa von einem Ufer zum anderen. Dazwischen spannt sich, dem Verlauf des Flusses für einige Hundert Meter in Längsrichtung folgend, die achtspurige Fahrbahn der eigentlichen Brücke auf. Die ungewöhnliche Konstruktion hat sich längst zu einem neuen modernen Wahrzeichen Moskaus gemausert, zumal die im Scheitelpunkt des Bogenpylonen angebrachte Restaurantgondel und Aussichtsplattform aufregende Blicke auf die Brücke und die umliegende Metropole gewähren.

Es war eine Herausforderung für die Ingenieure, die Brücke über die Moskwa den bestehenden Strukturen anzupassen. Einerseits sollte gewährleistet sein, dass der Schiffsverkehr auf der Moskwa ungestört fließen konnte, andererseits sollte eine Verbindung zwischen der aus dem Westen kommenden Autobahn E22 mit dem Moskauer Stadtzentrum geschaffen werden. Dass davon wiederum der Serebrjan-Bor, das Silbernadelwäldchen, eine von der Moskwa umflossene Insel und Naturschutzgebiet, unberührt bleiben musste, war Voraussetzung für den Bau der Brücke. Entstanden ist dadurch ein augenfälliges Monument moderner Ingenieursbaukunst, bei dem die Baumeister auch einige technische Schwierigkeiten überwinden mussten.

DATEN & FAKTEN

Bedeutung des Namens	malerische Brücke; auch Serebrjan-Bor-Brücke (Silbernadelwäldchen-Brücke) genannt
Lage	Moskau
Verbindung	überspannt die Moskwa
Entwurf und Planung	Mostovik GmbH aus Omsk
Bauphase	2004–2007
Konstruktionsart	Schrägseilbrücke
Material	Stahl und Beton
Länge	1460 Meter
Höhe des Pylonen	105 Meter
max. Spannweite	409 Meter
Verkehrsart	Kraftfahrzeugbrücke
Besonderheiten	Die Brücke überquert die Moskwa in Längsrichtung, folgt ihrem Verlauf nahezu parallel zu den Ufern.

Eines der neuen Wahrzeichen Moskaus ist die Ende 2007 für den Verkehr freigegebene Schiwopisny-Brücke über die Moskwa.

MARKANTES WAHRZEICHEN

Wie ein gigantisches Stadttor mutet der aus Fachwerkgittern gefertigte Bogenpylon für diejenigen Autofahrer an, die vom Nordwesten nach Moskau gelangen. Seine Auflager wurden rechts und links der Moskwa in den eigentlich zu instabilen Grund verankert. Mit je 60 Stahlpfählen und einem Zement-Sand-Mörtel wurde die Gründung des Pylonen daher stabilisiert. Der sich von den Auflagern zum Scheitel hin verjüngende Bogen hat die Form einer vertikal ausgerichteten halbierten Ellipse. Der Bau des Bogens wurde von beiden Ufern aus gleichzeitig im freien Vorbau realisiert, die Auskragung beider Bogenhälften betrug dabei 62 Meter. Als sie sich im Scheitel trafen, bestand lediglich eine Differenz von 20 Millimetern.

Vom Bogen aus führen insgesamt 72 Verspannungsseile in Harfenform zur Fahrbahn. Diese wiederum folgt in leichter S-Form knapp 600 Meter dem Flusslauf.

Einzigartig ist der 105 Meter hohe Pylon, der sich in einem weiten Bogen über die Hauptspannweite der Brücke streckt.

BESUCHERGONDEL IM PYLONSCHEITEL

So aufregend bereits die Konstruktion von Brücke und Pylon ist, so reizvoll ist die Gondel – ebenfalls in Form eines Ellipsoids – im Scheitelpunkt des Bogenpylonen. Sie wiegt 800 Tonnen und wird von vier Stahlseilen getragen, mittels derer sie auch in ihre Position hinaufgezogen wurde. Sie ist in zwei Ebenen unterteilt: eine Technikebene im unteren Teil und dem Restaurant mit Aussichtsplattform in der oberen Etage. Der Zugang erfolgt nicht etwa über die Brücke, sondern über den Pylonen: Schrägfahrstühle bringen die Besucher zu zwei Brücken, die wiederum in die Gondel führen.

TSCHECHIEN

KARLSBRÜCKE

Steinerne Bogenbrücken überspannen seit der Antike die Flüsse Europas. Die Römer waren Meister darin, Fundamente im Flussbett zu gründen, indem sie mittels Kastendämmen trockene Baustellen anlegten und damit eine sehr exakte und ausgefeilte Brückengründung errichten konnten. Es ist ein Wissen, das bis zum Mittelalter – trotz einer neuerlichen Blütezeit von Steinbrücken in jener Zeit – verloren ging, sodass die Gründung selbst der beeindruckendsten steinernen Brücken auf hölzernen Pfahlrosten erfolgte, die bei Hochwassern die Gefahr bargen, unterspült zu werden. Um das zu verhindern, setzte man auf mächtige Pfeilervorlagen, die die Pfeiler keilförmig unterstützten, gleichzeitig als Strom- und Eisbrecher dienten und das Aussehen der Brücken des Mittelalters maßgeblich prägten.

Mächtige, keilförmige Pfeilervorlagen dienen als Strom- und Eisbrecher und charakterisieren ganz maßgeblich das Erscheinungsbild der Karlsbrücke.

DATEN & FAKTEN

Tschechischer Name	Karlův most
Lage	Prag, Tschechien
Verbindung	überspannt die Moldau von der Prager Altstadt zur sogenannten „Kleinseite"
wichtigster Baumeister	Peter Parler
Bauphase	ab 1357, der Zeitpunkt der endgültigen Fertigstellung ist nicht bekannt, liegt aber im 15. oder gar 16. Jahrhundert. In Benutzung war die Brücke schon ab Ende des 14. Jahrhunderts.
Konstruktionsart	Bogenbrücke
Material	Sandstein
Länge	rund 516 Meter
lichte Höhe	4,3 Meter
max. Spannweite	23,38 Meter
Verkehrsart	Fußgängerbrücke
Besonderheiten	Zusammen mit der Prager Altstadt zählt die Karlsbrücke zum UNESCO-Weltkulturerbe. Beide Brückenseiten wurden zwischen dem 17. und 20. Jahrhundert mit 30 Heiligenfiguren- bzw. Figurengruppen geschmückt.

In ihrer Konstruktionsweise bietet die Prager Karlsbrücke, die die Altstadt der tschechischen Hauptstadt mit der Kleinseite verbindet und dabei die Moldau quert, auch für das Mittelalter kaum eine Neuerung. Ihre Gründung aus eichenen Pfahlrosten wurde immerhin mit verklammerten Mühlsteinen beschwert. So sollte verhindert werden, dass die Karlsbrücke wie ihr Vorgängerbau, die Judithbrücke, von den Hochwasserfluten der Moldau zerstört würde. Daher verlegte man sich darauf, der Moldau weniger Angriffsfläche als jene Vorgängerin zu bieten und die Pfeilermenge von 20 auf 15 zugunsten größerer Bogenspannweiten zu verringern. Die Pfeiler der neuen Prager Steinbrücke, wie die Karlsbrücke im Mittelalter schlicht genannt wurde, wurden durch mächtige keilförmige Eisbrecher bewehrt, die sich am Brückenüberbau verjüngen und bis zur Balustrade hochgezogen werden. Auf den Pfeilervorlagen stehen als Einzel- und Gruppenskulpturen Standbilder von Heiligen, die erst ab dem 17. Jahrhundert aufgestellt wurden. Das älteste dieser Standbilder von 1683 zeigt den heiligen Nepomuk, der auf der Karlsbrücke zum Märtyrer wurde.

Seit dem 17. Jahrhundert wurden insgesamt 30 Figuren und Figurengruppen auf den Pfeilervorlagen aufgestellt. Die bekannteste ist wohl die des hl. Johannes Nepomuk (rechts), der angeblich an dieser Stelle 1393 sein Martyrium erlitt.

EIN HEILIGER WIRD GEBOREN

Überall in der christlichen Welt zieren Skulpturen des heiligen Nepomuk die Brücken. Der einstige Generalvikar des Erzbistums Prag und Beichtvater Sophies von Bayern, der zweiten Gemahlin des böhmischen Königs Wenzel IV., avancierte schnell zum Volksheiligen der Brücken und Schiffer, nachdem er, von Wenzel gefoltert und schwer verletzt von der Karlsbrücke in die Moldau geworfen, in deren Fluten den Märtyrertod starb. Der Legende nach bestrafte ihn der König für die Weigerung, die Beichtgeheimnisse der Königin auszuplaudern. Wahrscheinlicher ist jedoch, dass er in den machtpolitischen Fehden zwischen König und Prager Erzbischof zwischen die Fronten geriet und für den – geflohenen – Erzbischof sein Leben lassen musste. Erst im Jahr 1729 heiliggesprochen, begann die Verehrung Johannes Nepomuks bald nach seiner Grablegung im Prager Veitsdom.

Auf der Brücke selbst erinnert neben der Statue ein mit fünf Sternen verziertes Kreuz an die Stelle, an der Nepomuk seinen Tod fand. Die Sterne symbolisieren die fünf Lichter, die der Legende nach in dem Moment aus den Fluten der Moldau auftauchten, als der Heilige ertrank, und die den Leichnam umschwammen, bis er geborgen werden konnte.

PETER PARLER – DER GESTALTER PRAGS

Das Standbild des heiligen Nepomuk war der erste barocke Schmuck für die Brücke, 29 weitere Skulpturen(-gruppen) sollten noch folgen, von denen die meisten derselben Epoche zugeordnet werden können. In ihren Ursprüngen war die Karlsbrücke jedoch gänzlich ohne Zierrat angedacht und imponierte dennoch: durch ihre gewaltigen Ausmaße von 516 Metern Länge, durch ihre im Vergleich zu anderen Brücken des Mittelalters beinahe zierliche Form mit großen, nicht ganz halbrunden Bogen und durch die Harmonie, mit der sich die Brücke mit den beiden Türmen an beiden Brückenköpfen in das Gesamtbild der Stadt eingliedert. Zu verdanken ist dies in erster Linie dem Baumeister und Bildhauer Peter Parler. Einst Lehrling an der Kölner Dombauhütte, wurde er von König Karl IV. nach Prag berufen, um den Neubau des gotischen Veitsdoms, begonnen von Matthias von Arras, nach dessen Tod weiter voranzutreiben. Wenig später übernahm er auch die Baustelle der neuen Steinbrücke, die von einem unbekannten Baumeister begonnen worden war. Am östlichen Altstädter Brückenkopf ließ Parler zudem einen Brückenturm mit Tordurchfahrt errichten, der durch sein reiches Maßwerk und zahlreiche Skulpturen, unter anderem denen von König Karl IV. und dem heiligen Veit als Stadtpatron Prags, begeistert. Auf der westlichen Brückenseite blieb dagegen der noch der Judithbrücke angehörende romanische Brückenturm erhalten. Mitte des 15. Jahrhunderts wurde ein zweiter Brückenturm im Stile Parlers neben dem Judithturm errichtet, Letzterer wurde im 16. Jahrhundert im Stil der Renaissance umgebaut.

Heute zählt das Ensemble aus Karlsbrücke, Prager Altstadt, Veitsdom, der Burg und dem Hradschin, also der Burgstadt, zum UNESCO-Weltkulturerbe.

Das reich verzierte Gewölbe des Brückenturms aus dem 15. Jahrhundert.

IMMER NEUE GEFAHREN

Vermeintlich ruhig und behäbig fließt die Moldau durch ihr breites Bett in Prag. Im Sommer lässt sich kaum erahnen, welche Fluten der Fluss bei Hochwasser mit sich führt. Doch nach Starkregen oder der Schneeschmelze im Gebirge führt der reißende Strom jede Menge Treibgut mit sich. Wasser und Treibgut nagen seit Jahrzehnten an den Pfeilern der Brücke. Im Winter sind es dagegen zuweilen Eisschollen, die dem Sandstein der Karlsbrücke zusetzen. Immer wieder kam es daher zu Schäden an der Brücke, etwa im Herbst 1890, als Treibholz drei Brückenpfeiler zum Einsturz brachte. Hölzerne Eisbrecher sind den Brückenpfeilern daher vorgelagert, um größeren Schaden von ihnen abzuhalten.

Ähnlich verheerend aber wirken sich die menschlichen Einflüsse auf die Brücke aus: Im Jahr 1978 wurde der Auto-, Bus- und Bahnverkehr auf der Brücke untersagt, denn man befürchtete, die Brücke würde den zunehmenden enormen Druckkräften nicht standhalten, war sie doch weder in Bezug auf ihr Baumaterial noch ihre Konstruktion für die Belastungen der modernen Welt ausgelegt. Heute sind daher nur noch Fußgänger und Fahrräder zugelassen.

Zerstörend wirkte sich auch das Streusalz auf den Überbau der Karlsbrücke aus. Insbesondere Salzreste fraßen sich tief in die innere Brückenkonstruktion vor und hinterließen Risse. Selbst die darauffolgende Instandsetzung zu Beginn des 21. Jahrhunderts hinterließ teils Schäden, waren die restaurierenden Unternehmen doch nicht mit der Sanierung historischer Baustoffe vertraut und verwendeten beispielsweise Kunststoffkitt zum Verfüllen von Fugen, der eher zur Renovierung von Plattenbauten geeignet ist. Bürgerinitiativen fordern daher seit Jahren, die Karlsbrücke endlich fachgerecht und mit Mitteln und Materialien, die dem einzigartigen Denkmal gerecht werden, erneut zu sanieren. Auch, um den Status des Welterbes der Menschheit nicht aufs Spiel zu setzen.

TERASA

BOSNIEN UND HERZEGOWINA

STARI MOST

Am 8. November 1993 beschossen Mitglieder des Kroatischen Verteidigungsrats, der Armee der Kroaten während des Bosnienkriegs, die Alte Brücke, Stari most, von Mostar in Bosnien und Herzegowina. Am 9. November hielt die Brücke weiteren Granatenbeschüssen nicht mehr stand; der steinerne Bogen stürzte in die Fluten der Neretva. 400 Jahre hatte die Brücke ihren Bogen über den Fluss in Mostar gespannt, war Verbindung zwischen den beiden Teilen der Stadt, galt aber auch als Symbol für den Frieden und die guten Beziehungen zwischen Muslimen und Christen. Mit der Zerstörung der Stari most wurde auch das friedliche Leben in der Stadt vernichtet; mit ihrem Wiederaufbau versuchte man, auch erneut eine Brücke zwischen Abend- und Morgenland in Bosnien und Herzegowina zu schlagen.

Im Jahr 1557 beauftragte der türkische Sultan Süleyman I., „der Prächtige", den Baumeister Hajrudin, eine steinerne Brücke über die Neretva in Mostar zu bauen. Die Stadt Mostar mit einer hölzernen Brücke und den beiden Wachtürmen am Ufer wurde bereits im 15. Jahrhundert als Grenzstadt des Osmanischen Reiches in Quellen erwähnt, doch zur Zeit des Brückenbaus reichte das Großreich längst bis an die Grenzen des heutigen Österreichs heran. Und Süleyman I., mit Baumeistern wie Sinan und dessen Schüler Hajrudin gesegnet, war bestrebt, seinem Namen auch in den letzten Winkeln seines Reiches durch die Errichtung prächtiger Bauwerke Ehre zu machen und seine Macht zu demonstrieren.

DATEN & FAKTEN

Bedeutung des Namens	Alte Brücke
Lage	Mostar, Bosnien und Herzegowina
Verbindung	überspannt die Neretva in Mostar und verbindet damit heute den katholischen Teil im Westen und den muslimischen im Osten der Stadt
Entwurf	osmanischer Baumeister Mimar Hajrudin
Bauphase	1557–1566; Wiederaufbau: 1996–2004
Konstruktionsart	Bogenbrücke
Material	verschiedene Kalkgesteine, Marmor, Eisen
Länge	29 Meter
lichte Höhe	20 Meter
max. Spannweite	20 Meter
Verkehrsart	Einst als Fußgänger- und Fuhrwerkbrücke konstruiert, ist sie heute nur Fußgängern zugänglich.
Besonderheiten	Die Stari most wurde während des Bosnienkriegs am 9. November 1993 durch Beschuss von kroatischer Seite zerstört.

EIN BAUMEISTER FÜRCHTET UM SEIN LEBEN

Der Legende nach erwartete Mimar Hajrudin (Architekt Hajrudin) der Tod, sollte seine Brücke von Mostar nicht gelingen. Als er im Jahr 1566 das Baugerüst zum dritten Mal abbauen ließ – zweimal war der Brückenbogen angeblich schon in die Neretva gestürzt –, sei er daher aus der Stadt geflohen und habe weinend sein Grab ausgehoben. Doch die Brücke hielt, mehr als 400 Jahre lang.

Es ist ein einziger Bogen, flankiert von zwei im 17. Jahrhundert erweiterten Wach- und Wehrtürmen, der sich kühn über das Flussbett spannt. Zu jener Zeit war er der größte von Menschenhand errichtete Bogen. Möglich machte dies eine für die damalige Zeit einzigartige Konstruktion: die einer Hohlkastenbrücke. Die Brücke ist in ihrem Innern teilweise hohl, wodurch sich ihr Gewicht um 40 Prozent verringert. Darüber hinaus sorgen Metallklammern für Sicherheit auf der Brücke: Handgeschmiedete Bänder überziehen den Bogenrücken. Sie wurden an ihren Enden zu 90-Grad-Winkeln gebogen, diese trapezförmig erweitert und aufgespalten und anschließend in exakt in das Gestein eingearbeitete Senken eingelassen. Diese wurden noch einmal mit Blei ausgegossen. Auch handgeschmiedete und mit Blei verfestigte Dübel wurden zum Schutz in den Bau eingelassen. Die Fahrbahn der Brücke wiederum wurde zuletzt mit marmornen Schwellen bestückt, um auch Fuhrwerken die Nutzung zu ermöglichen, indem sie den Rädern bei der starken Steigung Stützen boten.

Wie sicher und einzigartig die Konstruktion der Stari most war, zeigte sich am 8. November 1993, als die Brücke zunächst sogar den Granaten der kroatischen Armee standhielt. Erst bei einem neuerlichen Beschuss am nächsten Tag stürzte das Monument Hajrudins zusammen.

Mit einer Länge von gut 29 Metern und einer Scheitelhöhe von 20 Metern galt sie zur Zeit ihrer Erbauung im 16. Jahrhundert als ein Meisterwerk der Baukunst.

427 JAHRE

Bis ins 19. Jahrhundert hinein gehörte Mostar zum Osmanischen Reich, dann folgte die Besetzung der Herzegowina durch Österreich. Seit 1878 stand Mostar unter österreichisch-ungarischer Verwaltung. Das reiche kulturelle Leben beidseits des Flusses – am östlichen das muslimische, am westlichen vermehrt auch das christliche von Serben und Kroaten – wurde vor allem in der westlichen Stadt um österreichisch-ungarische Kaffeehäuser und die typische Planstadt des Kaiserreichs ergänzt. Die Brücke verband die Kulturen über den Fluss hinweg, und zum traditionellen Brückenspringen fand sich wohl ein Großteil der Bürger aller Kulturen ein. Seit 1664 ist belegt, dass die mutigen Männer der Stadt vom Scheitel der Stari most in die Fluten der Neretva springen.

Das Flussspringen fand, wie der Friede in Mostar und die vermeintliche Toleranz, im Zuge des Jugoslawienkriegs ein jähes Ende: Die besten Freunde fanden sich plötzlich in unterschiedlichen Schützengräben wieder, und der Beschuss der Stadt Mostar ließ die Stadtteile rechts wie links der Neretva in Schutt und Asche fallen. Es waren jedoch vor allem die muslimischen bzw. osmanischen Bauwerke, die dem Kroatischen Verteidigungsrat ein Dorn im Auge waren. Nichts sollte von den Muslimen erhalten bleiben, die Menschen nicht und auch nicht ihre Bauwerke, und so wurde im November 1993 neben Tausenden Menschen auch die Alte Brücke – vergeblich von den Stadtbewohnern mit Teppichen und Wellblech vor der Zerstörung geschützt – ein Opfer des Bosnienkrieges.

WIEDERAUFBAU

Als die Alte Brücke in den Fluss stürzte, färbte sich die Neretva rot, und nach Beendigung des Bosnienkriegs empfand man das zerstörte Bauwerk schnell als offene Wunde Mostars. Bereits im Jahr 1996 begann man daher – unter Leitung der UNESCO – mit der originalgetreuen Rekonstruktion der Stari most.

Der authentische Wiederaufbau umfasste nicht nur die Form, sondern auch die Materialien. Wo die alten Brückentrümmer nicht mehr aus dem Flussbett geborgen werden konnten oder beschädigt waren, wurde beispielsweise für den Bogenbau und die Brüstungen wie im 16. Jahrhundert der regionale Tenelija-Kalkstein aus den nahen Steinbrüchen abgebaut. Selbst der historische Mörtel wurde auf seine Zusammensetzung untersucht, um einen ähnlichen Baustoff verwenden zu können. Dabei zeigte sich, dass der Mörtel mit Bauxit und einer roten Tonerde versetzt war, die für die „Blutung" der Brücke verantwortlich waren.

Es dauerte beinahe ebenso lange wie beim ersten Mal, die Stari most aufzubauen. Im Jahr 2004 konnte sie wiedereröffnet werden und ist seit dem Jahr 2005 – zusammen mit der Altstadt von Mostar – UNESCO-Weltkulturerbe. Die Organisation würdigte die Alte Brücke von Mostar als „Symbol der Versöhnung und internationalen Zusammenarbeit und Symbol für das Zusammenleben von verschiedenen religiösen, kulturellen und ethnischen Gemeinden."

Beim originalgetreuen Wiederaufbau der Stari most verwendete man die alten Steine wieder, und dort, wo keine Originalsubstanz mehr erhalten war, wurde Material aus dem Steinbruch von 1566 geschlagen.

GRIECHENLAND

RIO-ANDIRRIO-BRÜCKE

Als im Jahr 1880 der damals amtierende griechische Premierminister Harilaos Trikoupis im Parlament seine Vision eines Brückenschlags über den Golf von Korinth vorstellte, war eines der ambitioniertesten Bauprojekte in der Geschichte Griechenlands geboren. Nicht mangelnder Enthusiasmus, sondern unlösbare Probleme in der Umsetzung des Plans sorgten jedoch dafür, dass fast 120 Jahre vergingen, ehe mit dem Bau der Schrägseilbrücke begonnen werden konnte. Das über 2,8 Kilometer lange Bauwerk, das den einstigen Visionär Harilaos Trikoupis in seinem offiziellen Namen würdigt und pünktlich zu den Olympischen Spielen von 2004 eingeweiht wurde, präsentiert sich heute als strahlendes Entrée im Golf von Korinth.

DATEN & FAKTEN

Offizieller Name	Harilaos-Trikoupis-Brücke
Standort	überspannt den Golf von Korinth bei Patras
Bauphase	1998–2004
Konstruktionsart	Schrägseilbrücke
Material	Stahl
Länge	2883 Meter
lichte Höhe	52 Meter
Gesamthöhe der Pylonen	235 Meter, davon 160 Meter über Wasser
max. Spannweite	560 Meter
Verkehrsart	Kraftfahrzeug- und Fußgängerbrücke

Die 2500 Meter lange Rio-Andirrio-Brücke wird am 7. August 2004 eingeweiht. Im Vordergrund ist die venezianische Festungsanlage von Rio zu sehen, die zusammen mit dem Gegenstück in Andirrio zur Bewachung der Meerenge zum Golf von Korinth diente.

Die Bedingungen für den Bau einer Brücke über den Golf von Korinth hätten damals wie heute kaum ungünstiger sein können. Allein die Dimensionen des Bauwerks mussten den Ingenieuren des ausgehenden 19. Jahrhunderts Kopfzerbrechen bereiten, denn die Meeresbucht misst an ihrer schmalsten Stelle – eben jener zwischen den beiden Städten Rio und Andirrio – noch immer rund 2500 Meter Breite, zudem fällt sie hier auf bis zu 65 Meter Tiefe ab. Am Grund des Meeresbodens wartet die nächste Herausforderung: Statt belastungsfähiger Felsformationen türmen sich Sand, Kies, Schlick und Tonschichten Dutzende Meter übereinander und bilden einen äußerst kritischen Baugrund. Zu allem Überfluss stellen beträchtliche Wasserströmungen, starke Winde und die Gefahr seismischer Aktivität in dieser Erdbebenregion ganz besondere Herausforderungen an Material und Bauweise. Alle diese Faktoren ließen Ende des 19. Jahrhunderts die zu Rate gezogenen Experten zu dem Urteil kommen, dass eine Brücke nicht realisierbar sei – eine Einschätzung, die im Übrigen noch Anfang der 1990er-Jahre von der griechischen Ingenieurkammer geteilt wurde.

DIE UMSETZUNG EINER VISION

Dieser desillusionierenden Expertise zum Trotz gab es noch in den 1990er-Jahren einen Planungswettbewerb, den das französisch-griechische Konsortium Gefyra mit dem Entwurf einer fünffeldrigen Schrägkabelbrücke für sich entschied. Im Juli 1998 begannen die Vorbereitungen im Trockendock, zwei Jahre später stellte man sich mit den Gründungsarbeiten dem zugleich schwierigsten Teil des Bauprojekts. Um den Mangel einer stabilen Felsformation am Meeresgrund zu kompensieren, fand folgendes Verfahren Anwendung: Jeweils dort, wo sich die Pylonen später aus dem Wasser erheben sollten, rammte man etwa 200 Stahlrohre – zwischen 25 und 30 Meter lang und 2 Meter im Durchmesser – in eine kreisförmige Fläche von 130 Metern Durchmesser und bedeckte diese mit einer nivellierenden 3 Meter dicken Kiesschicht.

In einem nächsten Schritt wurden auf den stabilisierten Untergrund Stahlbeton-Senkkästen mit 90 Metern Durchmesser platziert, die das eigentliche Fundament für die Pfeiler bilden. Jene Bereiche der Pfeiler, die unter der Wasseroberfläche liegen, mussten in Trockendocks vorgefertigt und nach dem Zusammenfügen der einzelnen Abschnitte ins Wasser abgesenkt und passgenau auf die Senkkästen platziert werden – keine leichte Aufgabe angesichts einer Wassertiefe von über 60 Metern. Oberhalb der Wasseroberfläche werden die sich nach oben verjüngenden Pfeiler von umgekehrten Pyramiden gekrönt, auf denen wiederum die jeweils vier Beine der Pylonen aufliegen, die schließlich zusammenlaufen und sich zu einer vertikal aufragenden Spitze vereinen. Hier befinden sich die Verankerungen der Schrägseile, die fächerförmig abgehen. Sie halten, und das ist eine der weiteren Besonderheiten der Rio-Andirrio-Brücke, das Fahrbahndeck gewissermaßen in einem Schwebezustand. Dieses ist also nicht wie sonst üblich fest auf den Pfeilern montiert, sondern kann im Falle seismischer Aktivitäten oder starker Orkane in einem gewissen Rahmen frei schwingen.

Dass sich die hohen Sicherheitsstandards mit hohen formalästhetischen Ansprüchen vereinen, macht die Rio-Andirrio-Brücke zu einer der spektakulärsten Brücken der Welt. Feldweiten von zweimal 286 Metern und dreimal 560 Metern bringen die unglaublichen Dimensionen dieser Brücke zutage, die im August 2004 fertiggestellt und in einem feierlichen Akt, bei dem die olympische Flamme über das Bauwerk getragen wurde, eröffnet wurde. Autofahrer, Fußgänger und Radfahrer können seitdem die gut 27 Meter breite Brücke nutzen und auf ebenso einfache wie spektakuläre Art und Weise zwischen dem Peloponnes und dem attischen Festland hin und her pendeln.

Hohe Sicherheitsstandards und eine überzeugende ästhetische Umsetzung machen die Rio-Andirrio-Brücke zu einer der spektakulärsten Brücken weltweit.

TÜRKEI

ERSTE BOSPORUSBRÜCKE

Als der damalige Ministerpräsident Süleyman Demirel am 20. Februar 1970 den Grundstein zur ersten Brücke über den Bosporus legte, wurde eine Idee verwirklicht, die bereits seit Jahrtausenden die Völker Thrakiens und Anatoliens beschäftigte: die Idee einer festen Verbindung zwischen Europa und Asien. Es war indes den technischen Errungenschaften des 20. Jahrhunderts geschuldet, aber auch dem dringenden Bedarf neuer Verbindungswege zwischen den Istanbuler Stadtteilen auf beiden Seiten der Meerenge, die den Brückenbau einerseits ermöglichten und andererseits dringend erforderlich machten.

Zwischen 700 und 2500 Metern Breite misst der Bosporus, die Meerenge, die Asien und Europa voneinander trennt und das Schwarze Meer mit dem Marmarameer und über die Dardanellen wiederum mit dem Mittelmeer verbindet. Diese Meerenge zu überwinden, war bis zum Jahr 1973 ausschließlich per Boot und Schiff möglich. Täglich pendelten Tausende Istanbuler Bürger per Dampfer und Fähre zum Arbeiten von den europäischen in die asiatischen Stadtteile, vor allem aber umgekehrt. Täglich kehrten Tausende Bürger auf dem Wasserweg in ihren heimatlichen Stadtteil zurück. Stundenlange Wartezeiten mussten selbst diejenigen oftmals in Kauf nehmen, für die die 20-minütige Fährfahrt eine tägliche Notwendigkeit war. Nebel oder Sturm brachten das städtische Leben gänzlich zum Erliegen: Schüler erreichten ihre Schulen nicht, teilweise blieben Geschäfte geschlossen, weil die Besitzer das Gewässer nicht überqueren konnten.

DATEN & FAKTEN

Türkischer Name	Boğaz Köprüsü
Verbindung	überspannt den Bosporus in Istanbul
Entwurf	William Brown & Gilbert Roberts
Planung	Ingenieurbüro Freeman Fox & Partners
Bauphase	1970–1973
Konstruktionsart	Hängebrücke
Material	Stahl
Länge	1560 Meter
lichte Höhe	64 Meter
Höhe der Pylonen	165 Meter
max. Spannweite	1074 Meter
Verkehrsart	Autobahnbrücke
Besonderheiten	erste feste Verbindung zwischen Europa und Asien

Die erste Bosporusbrücke ist eine vierspurige Hängebrücke mit diagonal gespannten Aufhängungen an 64 Meter hohen Pylonen.

DIE TECHNISCHEN MÖGLICHKEITEN FEHLEN

Schon in früheren Zeiten hatten die Menschen von einer ersten Verbindung der beiden Kontinente am Bosporus geträumt, verlief doch die westliche Seidenstraße über den Bosporus im damaligen Konstantinopel und war die Meerenge auch immer wieder ein strategisch wichtiger Punkt für die Völker Kleinasiens und Thrakiens. Schließlich ließ der Perserkönig Darius I. der Große – um die Grenzen seines Reichs zu kontrollieren, zu schützen und auszudehnen, aber auch, um Handel zu treiben – von dem griechischen Baumeister Mandrokles im Jahr 513 v. Chr. eine erste Brücke über den Bosporus errichten. Es war eine Schiffsbrücke, über die er mit seiner nach Herodot 70 000 Mann starken Armee gegen die Skythen ins Feld zog. Doch die schwimmende Brücke hielt den Stürmen und dem Treibgut in der Meerenge nicht lange stand.

Beinahe 2000 Jahre später startete Bāyezīd II. velī, Sultan des Osmanischen Reichs, einen erneuten Versuch, in Konstantinopel eine feste Verbindung über den Bosporus errichten zu lassen, doch die Suche nach einem Baumeister blieb ergebnislos. Von Leonardo da Vinci abgesehen, der ihm im Jahr 1502 immerhin Konstruktionspläne zur Überbrückung des Goldenen Horns in Konstantinopel sandte, wagte kein Bauherr das Experiment. Die Pläne Leonardos aber erschienen dem Sultan als zu waghalsig. Er verwarf das Vorhaben.

DIE ERSTE BRÜCKE WIRD GEBAUT

So sehr eine feste Verbindung zwischen Europa und Asien auch über Jahrtausende hinweg ersehnt wurde – als es im Jahr 1970 endlich so weit war und der Grundstein gelegt werden konnte, standen die Istanbuler dem Vorhaben nicht durchweg positiv gegenüber. Zum einen sahen die Brückengegner in ihr eine Verschwendung von Steuergeldern, die an anderer Stelle dringender gebraucht würden, zum anderen fürchtete man um das historische Stadtbild der Metropole. Doch Ministerpräsident Süleyman Demirel ließ sich nicht beirren und setzte mit der ersten Bosporusbrücke auch einen persönlichen Traum um. Errichtet wurde eine vierspurige Hängebrücke mit diagonal gespannten Aufhängungen und einer Fahrbahn, die zwischen den Pylonen in einer Höhe von 64 Metern schwingt und so auch großen Kreuzfahrtschiffen oder mächtigen Flugzeugträgern die Durchfahrt ermöglicht.

Die Brücke wandelte das Leben Istanbuls: War die städtische Betriebsamkeit bis zum Bau der ersten Bosporusbrücke maßgeblich vom Fährbetrieb abhängig, so wurde sie bald vom Autoverkehr auf der Brücke bestimmt. Sie bringt einerseits ein allgegenwärtiges Verkehrschaos mit sich, das den Bau einer zweiten Brücke notwendig macht, andererseits ist ein wirtschaftlicher Aufschwung der asiatischen Viertel der Metropole beinahe unmittelbar nach der Eröffnung spürbar. Als neues Wahrzeichen Istanbuls wird sie von der Sängerin Emel Sayin sogar als Krone der Stadt besungen.

VON DER NOTWENDIGKEIT WEITERER BOSPORUSBRÜCKEN

Obwohl die Fährverbindungen über die Meerenge weiterhin bestehen bleiben, steigt mit dem Bau der ersten Brücke die Zahl der Autofahrer rasant an: Kilometerlange Staus prägen das Bild der bereits Ende der 1970er-Jahre für Fußgänger gesperrten Autobahnbrücke. Eine neue Brücke wird unweit der ersten geplant und im Jahr 1988 eröffnet. Die zweite Bosporusbrücke, offiziell Fatih-Sultan-Mehmet-Brücke genannt, ist beinahe baugleich; ihre Spannweite übertrifft die der ersten um 16 Meter, wogegen die Stützpfeiler 53 Meter kleiner ausfallen. Die Aufhängungen sind nun nicht mehr diagonal, sondern tragen die achtspurige Fahrbahn an senkrechten, parallel zueinander hängenden Drahtseilen – eine Form, die sich für Hängebrücken schließlich durchgesetzt hat.

Das Verkehrschaos in Istanbul konnte jedoch auch diese zweite Brücke nicht beseitigen, weshalb seit Mai 2013 nun die dritte Brücke, die Yavuz-Sultan-Selim-Brücke, über den Bosporus geschlagen wird: eine kombinierte Hänge-Schrägseilbrücke mit A-förmigen, nicht parallel ausgerichteten, 320 Meter hohen Pylonen. Durch sie soll der Verkehr nördlich um die Stadt herumgelenkt und die Metropole deutlich entlastet werden.

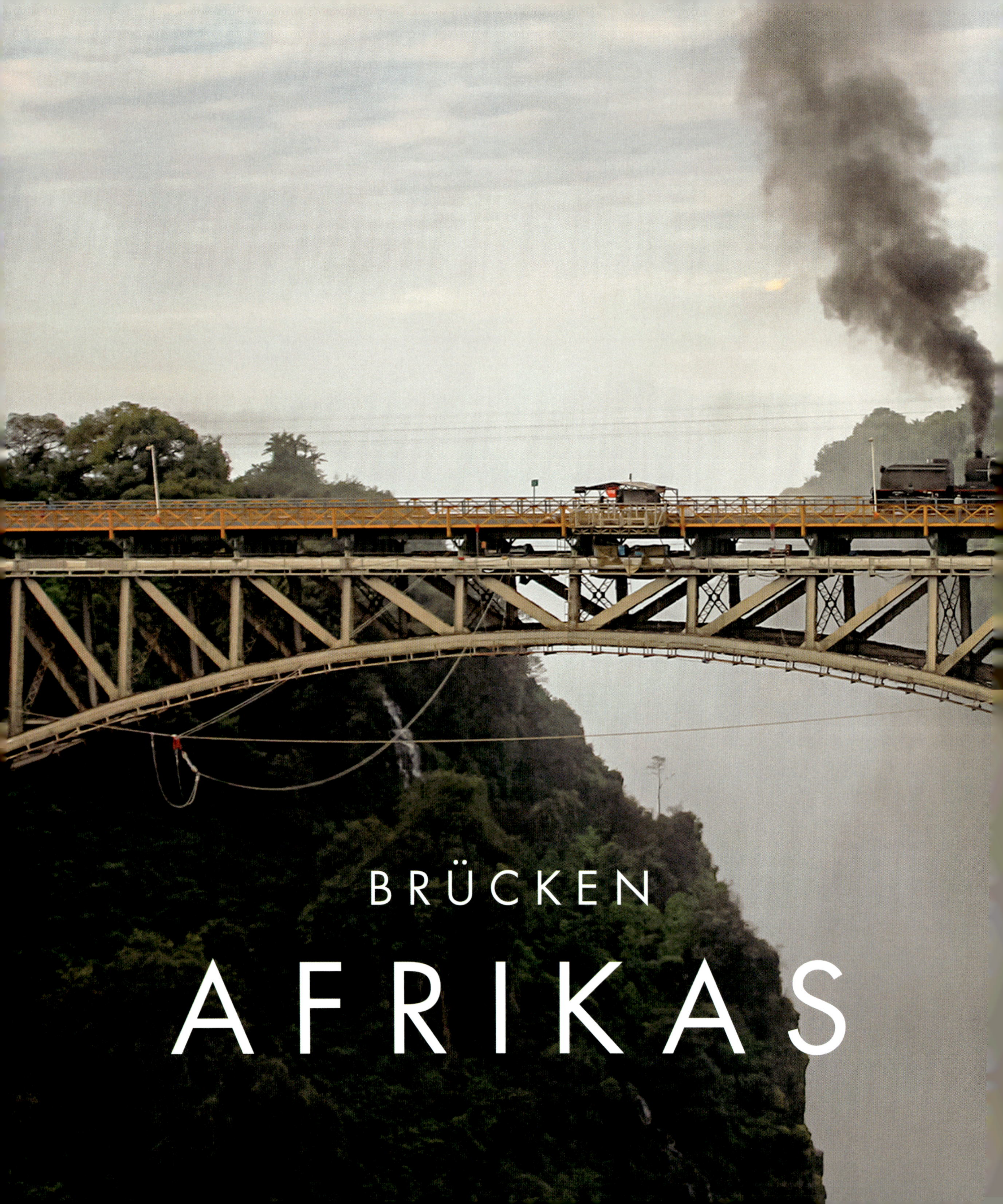

BRÜCKEN

AFRIKAS

ÄGYPTEN

EL-FERDAN-BRÜCKE

Knapp 17 000 Schiffe durchfahren jährlich den Sueskanal, der auf gut 162 Metern das Mittelmeer über den Isthmus und den Golf von Sues mit dem Roten Meer verbindet und als eine der wichtigsten künstlichen Wasserstraßen der Welt gilt. Was für Schiffe ein Segen ist, weil sie sich den Umweg um Afrika und das Kap der Guten Hoffnung sparen, stellte für Eisenbahn- und Pkw-Reisende und den Überlandtransport zwischen Afrika und dem Sinai bzw. dem Nahen Osten immer wieder ein Problem dar, war man doch in Ermangelung dauerhafter Brücken in dieser Region bzw. Brücken, die dem Verkehrsaufkommen genügten, im Norden auf Fähren angewiesen, die das bis zu 345 Meter breite Gewässer regelmäßig queren. Mit der El-Ferdan-Drehbrücke, im Jahr 2001 vom damaligen ägyptischen Staatspräsidenten Husni Mubarak eingeweiht, wurde dieses Problem teilweise behoben: Nun fließt der Verkehr zwischen dem ägyptischen Festland und der Sinai-Halbinsel. Zumindest, wenn nicht Schiffe die Wasserstraße befahren.

DATEN & FAKTEN

Arabischer Name	Kūbrī al-Firdān
auch genannt	Al-Firdan Bridge oder El Ferdan Railway Bridge
Verbindung	überspannt den Sueskanal bei Ismailia
Entwurf	Egyptian National Railway, überarbeitet durch Prof. Weyer (Weyer Beratende Ingenieure im Bauwesen GmbH)
Bauphase	1998–2001
Konstruktionsart	Fachwerkdrehbrücke
Material	Stahl
Länge	640 Meter
max. Höhe	60 Meter an den Drehpfeilern
Verkehrsart	kombinierte Eisenbahn- und Kraftfahrzeugbrücke
Besonderheiten	Die El-Ferdan-Brücke ist die längste Drehbrücke der Welt.

Die geöffneten Hälften der El-Ferdan-Brücke bei der Durchfahrt eines Schiffes

Die El-Ferdan-Brücke ist nicht die erste Verbindung über den Sueskanal; vier Vorgängerbrücken querten die Wasserstraße zuvor, Brücken, die entweder den Schiffsverkehr behinderten wie die erste Brücke von 1920, die der Kanalerweiterung zum Opfer fiel, oder durch Kriege zerstört wurden. Das gilt etwa für die vierte Brücke, die im Jahr 1963 eröffnet wurde, vier Jahre später aber im Zuge des ägyptisch-israelischen Sechs-Tage-Kriegs unterging.

DIE FÜNFTE BRÜCKE

Um die Infrastruktur auf dem Sinai zu verbessern, ihn stärker an das ägyptische Festland anzubinden und dadurch die Besiedlung der Halbinsel voranzutreiben, beauftragte der ägyptische Staat die Staatsbahn, eine fünfte Brücke über den Sueskanal errichten zu lassen. Bereits Brücke Nummer vier war als zweiarmiges Kragarmdrehsystem in Fachwerkbauweise entwickelt worden, und diese Konstruktionsart sollte auch bei der nächsten El-Ferdan-Brücke beibehalten werden, so die Vorgaben des Bauherrn. Den Zuschlag erhielt letztendlich das Consortium El Ferdan Bridge, ein Zusammenschluss internationaler Unternehmen, zu denen Krupp Stahlbau Hannover, die belgische BESIX Group und insbesondere die ägyptische Baufirma Orascom Construction Industries der Familie Sawiris zählten. Zur Überarbeitung der Entwürfe und Pläne zog das Konsortium zudem die Weyer Beratende Ingenieure im Bauwesen GmbH hinzu. Entstanden ist dabei eine kombinierte Eisenbahn- und Kraftfahrzeugbrücke mit einem eingleisigen Schienenstrang in der Mitte der Brückenfahrbahn, der von jeweils einer Fahrspur flankiert wird. Als Tragwerk dienen zwei stählerne Fachwerkkonstruktionen. Diese bestehen aus je zwei Kragarmen von jeweils 170 beziehungsweise 150 Metern Länge, deren Achse je ein

60 Meter hoher Pylon ist, der am Ufer wiederum auf je einem Drehpfeiler aufgelagert ist. Damit die beiden Kragarme um jeden Pylon im Gleichgewicht bleiben, wird der kürzere Arm, der über Land ausgerichtet ist, mit Gewichten beschwert.

Letztendlich handelt es sich bei der El-Ferdan-Brücke um zwei getrennte Drehbrücken, die im geschlossenen Zustand über dem Kanal zu einer Verkehrsbrücke verriegelt werden und damit die größte Drehbrücke der Welt bilden.

ÖFFNUNG UND SCHLIESSUNG IM VERKEHRSTAKT

Bei rund 55 Schiffen pro Tag, die in drei Konvois den Sueskanal durchfahren, bleibt wenig Zeit für die Autos und Eisenbahnen, von einem Ufer zum nächsten zu gelangen. In der Regel ist die Brücke nur zweimal täglich geschlossen, in den meisten Stunden des Tages liegen ihre beiden Arme seitlich des Kanals in Parkposition. Lediglich sechs Stunden täglich fließt der Verkehr statt durch den Kanal über die Brücke und bietet dann eine direkte Verbindung zwischen der Hauptstadt Kairo und dem Sinai. Der Vorgang des Öffnens und Schließens allerdings nimmt jeweils knapp 30 Minuten in Anspruch, wovon der reine, beobachtbare Drehvorgang 15 Minuten dauert. Die restliche Zeit entfällt auf den Betrieb des Drehwerks und die Verriegelung.

DIE FRIEDENSBRÜCKE ÜBER DEN SUESKANAL

Bereits vor Baubeginn der El-Ferdan-Brücke war klar, dass eine solche selten nutzbare Brücke den Anforderungen an einen regelmäßig fließenden Autoverkehr und die erhoffte industrielle, touristische und landwirtschaftliche Erschließung und Nutzung des Sinais für Ägypten nicht allein erfüllen konnte. Bereits drei Jahre vor Baubeginn der El-Ferdan-Brücke begann man im Norden daher – als Nachfolgerin älterer Brücken – mit dem Bau einer reinen Straßenbrücke über den Sueskanal, die ebenfalls im Jahr 2001 durch Mubarak eröffnet, lange Zeit nach ihm Mubarak-Friedensbrücke genannt wurde und heute – nach dem Sturz des Diktators – schlicht als Sueskanal- oder Friedensbrücke bzw. arabisch Kūbrī as-Salām bezeichnet wird.

Die Friedensbrücke über den Sueskanal ist eine Schrägseilbrücke, bei der die Kabel im Fächersystem angeordnet sind und die von zwei 154 Meter hohen Pylonen getragen wird.

Die Vorläuferbrücken sind Namensgeberinnen der nahen, sich auf beiden Ufern des Kanals ausdehnenden Stadt El Qantara, was auf Arabisch schlicht Brücke bedeutet und schon der spanischen Stadt Alcántara ihren Namen gab (siehe S. 82).

Konstruiert wurde die Brücke als Schrägseilbrücke mit einer maximalen Durchfahrtshöhe von 70 Metern und einer Spannweite der Hauptbrücke von 404 Metern. Diese wird durch zwei H-förmige Stahlbetonpylonen erreicht, in denen die Seile im modifizierten Fächersystem verankert sind.

Mit der Eröffnung der beiden Brücken über den Sueskanal ist es theoretisch möglich geworden, die Strecke zwischen dem Nordkap und dem Kap der Guten Hoffnung komplett mit dem Pkw zu befahren, ohne auf Fähren angewiesen zu sein.

SIMBABWE UND SAMBIA

VICTORIA FALLS BRIDGE

Mosi-oa-Tunya, donnernder Rauch, nennen die Einheimischen die Fälle des Sambesi in dessen 1708 Meter breite, 110 Meter tiefe und etwa 50 Meter weite Schlucht. In der Tat wird die Gischt der Fälle bis zu 300 Meter in die Höhe und weit über das umliegende Land versprüht. Das Umland profitiert von dem feinen Nebel, der stetig auf die Erde hinabrieselt und sie ergrünen lässt. Und auch auf der Brücke, die die zweite Sambesi-Schlucht unweit der Victoriafälle quert, ist der Sprühnebel noch spürbar – ganz dem Wunsch ihres Initiators gemäß, der für die Eisenbahnbrücke wie auch für die Eisenbahnstrecke zwischen Sambia und Simbabwe bzw. Südafrika verantwortlich zeichnet.

Cecil Rhodes, Begründer der De Beers Company, siebter Premierminister der Kapkolonie und einer der glühendsten Anhänger des britischen Kolonialismus, hatte den Traum, den afrikanischen Kontinent von Kapstadt aus mit einer durchgehenden Eisenbahn bis Kairo im Norden zu verbinden. Neben seinen privaten Diamant- und Gold-Unternehmungen, die ihn zu einem der reichsten Männer der Welt werden ließen, hatte Rhodes es unter anderem geschafft, die bis in die 1880er-Jahre unabhängigen Reiche der Matabele und der Barotse unter die Verwaltung der British South Africa Company zu bringen und damit der Herrschaft des britischen Empires einzuverleiben. Beide Kolonien wurden nach ihm in Nord- und Südrhodesien benannt; sie entsprechen in weiten Teilen den heutigen Staaten Sambia und Simbabwe. Für die Eisenbahnverbindung „Cape to

DATEN & FAKTEN

Ursprünglicher Name	Great Zambesi Bridge
Lage	auf der Grenze zwischen Simbabwe und Sambia
Verbindung	überspannt die Schlucht des Sambesi nahe den Victoriafällen zwischen Simbabwe und Sambia
Entwurf	George Anthony Hobson
Ausführung	Sir Douglas Fox and Partners/Cleveland Bridge & Engineering Co.
Bauphase	1904–1905
Konstruktionsart	Fachwerkbogenbrücke
Material	Stahl
Länge	198 Meter
Höhe	128 Meter
max. Spannweite	156 Meter
Verkehrsart	Konzipiert als zweigleisige Eisenbahnbrücke, wurde mittlerweile ein Gleis zugunsten einer Straße und eines Fußgängerwegs abgebaut.

Cairo Railway", die nie vollendet, aber doch in weiten Teilen gebaut wurde, sah Rhodes auch eine Verbindung über den Sambesi, genau im Grenzbereich zwischen Nord- und Südrhodesien, vor. Die Eisenbahn solle stets von der Gischt der Victoriafälle bestäubt werden, so der Wunsch des Politikers und Geschäftsmanns, der zwar in Erfüllung ging, den Rhodes selbst jedoch nicht mehr erleben sollte. Er starb zwei Jahre, bevor der Bau der Brücke überhaupt begonnen wurde.

Schlucht der Victoriafälle mit der den Sambesi überspannenden Victoria Falls Bridge.

Lediglich 14 Monate dauerte der Brückenschlag über den Sambesi. Die Einzelteile indes wurden in England gefertigt.

IM SPRÜHNEBEL

Ein einziger stählerner Fachwerkbogen überspannt den Sambesi, den viertlängsten Strom Afrikas, nahe den Victoriafällen. Er wurde in England gefertigt und zuerst per Schiff, später per Eisenbahn an seine Bestimmungsorte überführt. Der Bau begann im Jahr 1904 an beiden Sambesi-Ufern parallel über dem schäumenden Wasser und wurde bereits nach 14 Monaten abgeschlossen, sodass die Brücke am 12. September 1905 von George Darwin, dem Sohn des berühmten Naturforschers Charles Darwin, eingeweiht werden konnte. Obwohl bereits 1929 eines der Gleise zugunsten einer Straße und eines Fußgängerwegs abgebaut wurde, wird die Brücke noch immer regelmäßig von Zügen genutzt. Beispielsweise quert der „Pride of Africa", der „luxuriöseste Zug der Welt", komplett im Stil der Luxuszüge der 1920er-Jahre gehalten, auf seiner Reise von Kapstadt nach Daressalam in Tansania die Victoria Falls Bridge.

Doch auch Güterzüge und normale Passagierzüge queren die heutige Grenzbrücke zwischen Sambia im Norden und Simbabwe im Süden, die von beiden Seiten nach wie vor von Grenzübergängen bewacht ist.

Darüber hinaus birgt die Brücke seit einigen Jahren eine neue Attraktion: Von ihrem Scheitelpunkt aus können Wagemutige sich, gesichert nur durch ein Bungeeseil, 111 Meter in die Tiefen der Sambesi-Schlucht stürzen. Auch die Abenteurer werden nun von den feinen Nebeln der Victoriafälle umhüllt.

ALGERIEN

DIE BRÜCKEN VON CONSTANTINE

In 650 Metern Höhe, mitten im Tellatlas-Gebirge, dem Kleinen Atlasgebirge, erstreckt sich die algerische Stadt Constantine entlang der tiefen Schlucht des Rhumel. Das Gebirge bildet die plattentektonische Grenze zwischen der Afrikanischen und der Eurasischen Platte, und der Rhumel bahnt sich seit Jahrtausenden seinen Weg durch das weiche Kalkgestein gen Mittelmeer, und zwar in früheren Jahrhunderten im Untergrund. Als die Decke dieses unterirdischen Flusses einstürzte, hinterließ er eine tiefe Schlucht, die am Beginn der Altstadt Contantines 100 Meter misst, sich bis zu ihrem Ende um weitere 75 Meter in das Gestein frisst, bis der Rhumel sich in einem spektakulären Wasserfall von Constantine verabschiedet. Im Canyon des Flusses aber haben sich Reste der einstigen Decke über dem Fluss erhalten, wirken wie Brücken und bieten damit einen hübschen Kontrast zu den Ingenieur-Brücken, die heutzutage den Oued Rhumel überspannen.

Innerhalb der Altstadt bzw. unweit davon entfernt überspannen sieben Brücken den Rhumel in Constantine. Darunter der Pont d'El Kantara und der Pont Salah Bey.

PONT D'EL KANTARA

DATEN & FAKTEN

Fertigstellung	1863; 1953 letztmalig stark verändert
Konstruktionsart	Bogenbrücke
Material	Stahlbeton und Stein
Länge	128 Meter
max. Spannweite	56 Meter
Verkehrsart	Kraftfahrzeug- und Fußgängerbrücke
Besonderheiten	Der Pont d'El Kantara wurde auf den Fundamenten eines römisch-antiken Aquädukts sowie einer Steinbogenbrücke aus dem 18. Jahrhundert errichtet.

Der Pont Sidi Rached wurde in den Jahren 1908–1912 errichtet und verbindet die Altstadt mit dem Stadtteil El Kantara.

Bekrönt von den Häusern der Altstadt, fallen die Kalksteinfelsen des Qued Rhumel, der Rhumel-Schlucht, fast senkrecht in die Tiefe. Unten windet sich der Fluss weiterhin durch den weichen Kalkstein, auf den Felsen tobt das Leben der algerischen Metropole. Aus der Luft ist die Stadt atemberaubend: An den Flanken des dicht bewachsenen, tiefen und schroffen Fluss-Canyons winden sich Straßen; Häuser sind unmittelbar an die Schluchtwände gebaut. Ein Blick aus deren Fenstern nach unten muss umwerfend sein.

PONT SALAH BEY

DATEN & FAKTEN

Auch bekannt unter den Namen „Unabhängigkeitsbrücke" bzw. „Viaduc Trans-Rhumel"

Entwurf	Dissing+Weitling (Dänemark)
Erbauer	Andrade Gutierrez (Brasilien)
Fertigstellung	2014
Konstruktionsart	Schrägseilbrücke
Material	Stahlbeton
Länge	1119 Meter
max. Spannweite	259 Meter
lichte Höhe	80 Meter
Höhe der Pylonen	130 Meter
Verkehrsart	Kraftfahrzeug- und Fußgängerbrücke; die zukünftige Nutzung durch eine Straßenbahn ist vorgesehen

STADT DER BRÜCKEN

Schon die Phönizier gründeten auf dem unzugänglichen Kalksteinplateau eine erste Stadt, Cirta (die Stadt) genannt. Es war eine ideale Lage für eine Stadt, ist das Plateau doch zu allen Seiten recht gut durch die Rhumel-Schlucht und steil abfallende Felsen gesichert und nur von Südwesten aus zugänglich. Diese älteste Stadt des heutigen Algeriens blieb durchgehend bis in die Gegenwart besiedelt: von Phöniziern und Numidern über die Römer und Araber bis hin zur Kolonisation durch die Franzosen. Sie alle haben Zeichen in der Stadt hinterlassen, nicht jedoch in Bezug auf die Brücken. Bereits unter den Phöniziern und den ihnen nachfolgenden Numidern muss es erste Brücken über die Rhumel-Schlucht gegeben haben, doch erst die Römer hinterließen Spuren eines steinernen Aquädukts, Fundamente, die noch heute in jene des Pont d'El Kantara integriert sind. Er ist damit in Teilen auch die älteste Brücke der Stadt, obwohl sein heutiger Bau überwiegend aus den 1950er-Jahren stammt, während die meisten anderen Brücken der Altstadt – der Pont Sidi Rached, eine Bogenbrücke von 1912, der ebenfalls 1912 eröffnete und als Hängebrücke konzipierte Pont Sidi M'Cid und der kleine, den Wasserfall überspannende Pont des Chutes – ihre heutige Gestalt zu Beginn des 20. Jahrhunderts erhielten.

Pont d'El Kantara. Historische Aufnahme (nachträglich koloriert) aus der Zeit um 1899.

PONT D'EL KANTARA

Auf den Fundamenten eines römischen Siphon-Aquädukts ließ Salah Bey, einer der bedeutendsten Statthalter Constantines und wichtigster Stadtplaner, im Jahr 1792 eine steinerne Bogenbrücke über die Schlucht errichten. Sie ähnelte mit ihren zwei Ebenen einem römischen Aquädukt, wenn ihr auch die Grazilität der antiken Bauten fehlt. Die untere Ebene bildete einen einzigen Bogen über den Fluss, der in der zweiten Ebene von vier weiteren Bogen überdeckt wurde. 44 Jahre sollte die Brücke friedliche Zeiten erleben, dann musste sie im Jahr 1836 während der französischen Belagerung von Constantine den Angriffen der französischen Armee erfolgreich standhalten. Nicht so die Stadt selbst: 1837 können die Franzosen Constantine erobern und gliedern sie 1848 zusammen mit ganz Algerien ins Mutterland ein. Constantine wird Hauptstadt des gleichnamigen Départements und gleichzeitig Stützpunkt eines Bataillons der Infanterie. Dieses ist letztlich auch für die Zerstörung der Brücke verantwortlich: Im Jahr 1857 sollen die stationierten Soldaten abgelöst werden; das neue Bataillon überquert die Brücke, die dem Gleichschritt nicht standhält. Die beiden Pfeiler nahe der Altstadt brechen, große Teile der Brücke stürzen in den Fluss. Da die beiden verbleibenden Bogen als unsicher gelten, werden sie an den folgenden Tagen mit Kanonenschüssen abgebrochen. Immerhin sind 40 Kanonenschüsse nötig, um die Brücke endgültig zum Einsturz zu bringen.

Es dauert drei Jahre, bis die alte Brücke ersetzt ist: ein eiserner Fachwerkbogen, dessen Fahrbahn zu beiden Seiten durch Torbauten begrenzt wurde. Tief unten in der Schlucht blieb indessen ein Teil der alten Brücke erhalten, der als Fundament für eine Fußgängerbrücke diente.

Doch der Neubau des Pont d'El Kantara war nicht für die Ewigkeit ersonnen: 1951 brach ein Teil des Eisenbogens zusammen, die Brücke wurde aus Stahlbeton und wesentlich schlichter wiederaufgebaut, die Tore wurden abgebrochen.

PONT SALAH BEY

Auch wenn Salah Beys Brücke von den französischen Kolonialisten zerstört wurde, der Statthalter und Baumeister, der den Beinamen „Bey aller Beys" trägt, ist in der Stadt mit seinen Moscheen, Basaren, Palästen und Plätzen allgegenwärtig. Und auch das moderne Constantine gedenkt des Herrschers noch heute, etwa mit der neuesten Brücke der Stadt, dem Pont Salah Bey, auch Trans-Rhumel-Viadukt oder Unabhängigkeitsbrücke genannt.

Die zweihüftige Schrägseilbrücke zeichnet sich durch ihre freitragenden Turmpylonen aus, die in jeweils nur einer Ebene die Kabel im modifizierten Fächersystem aufspannen. Die Fahrbahn bildet – wie bei Schrägseilbrücken mit nur einer Kabelebene üblich und notwendig – ein Hohlkasten.

Für Constantine bietet der Pont Salah Bey eine spannende Ergänzung in ihrer Geschichte und der damit verbundenen Architekturgeschichte. Er vereinigt mehr als nur zwei Teile einer Stadt, die durch eine Schlucht voneinander getrennt sind. Er verbindet die ungebändigte Natur des Rhumel-Canyons mit der vom Mensch geordneten Welt, und er setzt die jahrtausendealte Baugeschichte der Stadt fort, die mit den Phöniziern, Numidern und Römern ihren Anfang nahm, von den Arabern geprägt und stark von den Franzosen beeinflusst wurde und nun in der Gegenwart dem modernen Leben gerecht zu werden versucht, ohne dabei mit der Tradition zu brechen.

Der Pont Sidi M'Cid ist eine kombinierte Schrägseil- und Hängebrücke, die die Altstadt mit dem Stadtteil Sidi M'Cid verbindet.

BRÜCKEN NORD- UND SÜDAMERIKAS

KANADA

CONFEDERATION BRIDGE

Die 1997 fertiggestellte Confederation Bridge führt von Port Borden auf Prince Edward Island auf das kanadische Festland nach Cape Tormentine in der Provinz New Brunswick und überwindet dabei eine Strecke von annähernd 13 Kilometern. Um der Überfahrt die Monotonie zu nehmen und ein mögliches Unfallrisiko durch Sekundenschlaf zu mindern, verläuft die auf 44 Hauptpfeilern ruhende Brücke, die sich bis auf eine lichte Höhe von 60 Metern wölbt, um Schiffen Durchfahrt zu gewähren, in einer lang gestreckten Kurve.

Ihren Namen verdankt die „Konföderationsbrücke" der Charlottetown-Konferenz von 1864: Ein Jahr zuvor war Prince Edward Island, die kleinste kanadische Provinz, der Kanadischen Konföderation beigetreten, die sich in diesem Zuge verpflichtete, eine ganzjährige Verbindung zwischen Insel und Festland zu gewährleisten. Bis zur Einweihung der Brücke am 31. Mai 1997 übernahmen diese Aufgabe Fährschiffe, die jedoch in den Wintermonaten nicht zuverlässig ablegen konnten, denn immer wieder waren – und sind – Schiffe tagelang im Eis gefangen. Seit 1890 wurden verschiedene Pläne einer festen Landverbindung vorgetragen, doch erst in den 1980er-Jahren kam es zu einem Referendum, in dem sich knapp 60 Prozent der Bewohner von Prince Edward Island für den Bau einer Brücke aussprachen. Das knappe Ergebnis zeigt, wie geteilt die Ansichten der Bewohner – unter ihnen Farmer, Fischer und vom Tourismus abhängige Dienstleister – hinsichtlich der langfristigen Folgen einer Landverbindung waren. Während sich die Befürworter einen touristischen und damit ökonomischen Aufschwung versprachen, sorgten sich die Gegner um den unverwechselbaren Charme und die Natur der Insel.

DATEN & FAKTEN

Standort	überspannt die Wasserstraße von Northumberland nahe Borden-Carleton in Ostkanada
Bauphase	1993–1997
Konstruktionsart	Hohlkastenbrücke
Material	Spannbeton
Gesamtlänge	12,9 Kilometer
max. lichte Höhe	60 Meter
max. Spannweite	250 Meter
Verkehrsart	Kraftfahrzeugbrücke
Besonderheiten	Die Confederation Bridge ist die längste Brücke Kanadas und zudem die längste Brücke weltweit, die von Packeis bedecktes Wasser überspannt.

Die Konstruktion der Confederation Bridge, die Teil des 8000 Kilometer langen Trans-Canada Highways ist, erwies sich in vielerlei Hinsicht als höchst anspruchsvoll. Da zum einen der Schiffsverkehr keine Einschränkungen erfahren durfte, musste eine ausreichende Durchfahrtshöhe von maximal 60 Metern eingeplant werden. Zum anderen überzieht in den Wintermonaten eine bis zu 1 Meter dicke Eisschicht die Northumberland Strait – eine zusätzliche Herausforderung im Hinblick auf die Wahl des Baumaterials und die Konstruktionsart. Die Brücke muss einerseits dem Druck durch das Packeis standhalten, andererseits dürfen sich die Eisschollen im Bereich der Brückenpfeiler nicht stauen. Darüber hinaus waren die extremen klimatischen Bedingungen bei der Frage nach der Montage der 12,9 Kilometer langen Brücke unbedingt zu berücksichtigen.

Die Brückenpfeiler sind an der Basis konisch geformt (oben), damit sich das Packeis an ihnen brechen kann.

IN 42 MONATEN ZUM ZIEL

Angesichts dieser Herausforderungen entschied sich das Planungskonsortium, bestehend aus J. Muller International und Stantec, für den Bau einer auf insgesamt 65 Pfeilern ruhenden Hohlkastenbrücke aus Spannbeton, wobei in beiderseits des Ufers errichteten Fertigungshallen ein Großteil der Bauteile vorproduziert wurde. Hier entstanden neben den Brückenpfeilern auch die bis zu 190 Meter langen und mehr als 8000 Tonnen schweren Hauptträger sowie die 60 Meter langen Einhängeträger, durch die Spannweiten von insgesamt 250 Metern erreicht werden konnten.

Offshore bereitete ein Schwimmbagger den Meeresgrund für die Brückenpfeiler vor, die eine Einheit aus insgesamt vier Elementen bilden: das Fundament, dem sich ein nach oben verjüngender Fundamentpfeiler anschließt, sowie ein weiterer, mit einem Betonkegel versehener Pfeiler, der seinen Abschluss in einem 100 Tonnen schweren Lager für den Hauptträger findet. Die konische Form der Brückenpfeiler beziehungsweise des Kegels an der Wasseroberfläche ist ein maßgebliches Element der Stabilität der Confederation Bridge: Sie gewährleistet, dass große Eisschollen an den Pfeilern nach oben gedrückt und gebrochen werden und sich nicht zu gewaltigen Eismassen aufstauen.

Bei der Montage der Haupt- und Einlegeträger kam „Svanen" zum Einsatz, der leistungsfähigste Schwimmkran der Welt, dessen Zuverlässigkeit bereits beim Bau der dänischen Storebælt-Brücke unter Beweis gestellt worden war. Unterstützt von GPS-Sendern mit einer Genauigkeit von 2 Zentimetern konnten auf diese Weise die viele Tausend Tonnen schweren Träger in Position gehoben werden. Im Juli 1995, 21 Monate nach Baubeginn, war mit „P22"

Die Confederation Bridge ruht auf insgesamt 65 Pfeilern und gewährt an ihrer höchsten Stelle Schiffen von maximal 60 Metern Höhe Durchlass. Ein maßstabgetreues Bauteil der Hohlkastenbrücke offenbart eindrucksvoll die Dimensionen des Bauwerks (Foto unten). Zu sehen ist es in der kleinen Ortschaft Borden-Carleton, wo ein Großteil der Brückenbauteile vorgefertigt wurde.

nicht nur die Hälfte der Strecke erreicht, sondern zugleich jener Brückenpfeiler aufgestellt, der zusammen mit P21 den Bereich der zentralen Fahrrinne auf der Northumberland Strait markiert. Am 31. Mai 1997 – nach lediglich 42 Monaten Bauzeit – konnte die Brücke, deren Bau insgesamt rund 730 Millionen Euro kostete, in Betrieb genommen werden.

Besuchern präsentiert sich die Confederation Bridge heute als eine dreigliedrige Brücke von beeindruckenden Ausmaßen: Während die 0,6 Kilometer lange East Approach Bridge und die 1,3 Kilometer lange West Approach Bridge die ansteigenden Brückenrampen bilden, stellt die Main Bridge das unbestrittene Herzstück des Bauwerks dar. Sie ruht auf 44 Hauptpfeilern mit Spannweiten von jeweils 250 Metern und erstreckt sich über eine Länge von 11 Kilometern. In jede Richtung führt lediglich eine Fahrbahn, die Autofahrern die Überfahrt der Northumberland Strait in rund 10 Minuten ermöglicht – im Gegensatz zu vormals 45 Minuten Fahrzeit auf der Fähre. Fußgänger und Fahrradfahrer können, da die eigenständige Überquerung nicht gestattet ist, auf Shuttle-Busse zurückgreifen und von hier aus den Blick auf die Meerenge genießen, auf der sich im Winter weiße und graue Eismassen bewegen.

SOLLBRUCHSTELLEN GEGEN BRÜCKENEINSTÜRZE

Im Jahr 1992 führte ein vergleichsweise kleiner Schaden zum Einsturz der Haeng-Ju Grand Bridge im südkoreanischen Seoul. Weil eine einzelne Hilfsstütze nachgab, stürzte infolge einer Art Kettenreaktion das gesamte Bauwerk ein. Wenn relativ kleine Ursachen zu großen Schäden führen, sprechen Fachleute von einem „progressiven Kollaps". Neue Verfahren und Konstruktionsmethoden sollen verhindern, dass sich Unglücke wie das in Seoul wiederholen. Bei der Confederation Bridge wurde ein solches Verfahren in Form von Sollbruchstellen umgesetzt. Alle 500 Meter befindet sich ein zusätzliches Gelenk in den Brückenträgern, das gewissermaßen eine Trennungsstelle bildet. Im Falle eines Kollapses sorgt es dafür, dass der kollabierende Bereich abgekoppelt wird und einstürzende Trägerabschnitte nicht das gesamte Resttragewerk in Mitleidenschaft ziehen.

KANADA

CAPILANO SUSPENSION BRIDGE

Die wenige Autominuten vom westkanadischen Vancouver gelegene Capilano Suspension Bridge zählt zu den beliebtesten Ausflugszielen British Columbias. Inmitten eines riesigen Naturparks in den Coast Mountains gelegen, hat man auf der frei schwingenden, 137 Meter langen Seilbrücke in atemberaubenden 70 Metern Höhe einen herrlichen Ausblick über den tosenden Capilano River und den dichten, hoch aufragenden Wald. Ein Schild weist Unentschlossene darauf hin, dass die Hängebrücke 1300 Menschen gleichzeitig trägt, wobei ein solcher Andrang kaum zu erwarten ist. Während die ursprünglich gebaute Brücke aus dem Jahr 1889 lediglich aus Holz und Hanftauen bestand, ist die heutige Konstruktion mit Stahlseilen gesichert und außerdem auf beiden Seiten mit Beton verfestigt, sodass sie für die Touristenflut – jährlich etwa 800 000 Besucher – bestens gewappnet ist.

Als der Schotte George Grant Mackay Ende des 19. Jahrhunderts nach Vancouver kam, kaufte er viele Quadratkilometer dichten Urwaldes und ließ am Rande des Capilano Canyons eine Hütte errichten. Um diese von der gegenüberliegenden Seite der Schlucht schneller erreichen zu können, spannte er mit der Unterstützung zweier Indianer eine aus Hanftauen und Zedernholzplanken gebaute Seilbrücke über den Abgrund des Capilano River. Damit war der Urtyp der heutigen Capilano Suspension Bridge geschaffen. Da die Brücke, die ebenso wie die Hütte schon bald zu einem beliebten Ausflugsziel wurde, bei Wind leicht in Bewegung geriet und dabei knarrende Geräusche machte, erhielt sie von den Indianern den Spitznamen „lachende Brücke".

In den folgenden Jahrzehnten wechselten die Brücke und das Waldareal mehrfach ihren Eigentümer. Rae Mitchell, in dessen Besitz sie 1953 überging, ließ sie 1956 in nur fünf Tagen komplett neu errichten, um sie auf Dauer sicherer und belastbarer zu machen. Dafür wurden die Enden der nunmehr eingesetzten Stahlseile auf beiden Seiten in jeweils 12 Tonnen Beton eingefasst. Nachdem der Naturpark Anfang der 1980er-Jahre wieder den Besitzer wechselte, wurde das zwischenzeitlich kommerziell heruntergewirtschaftete Gebiet wieder eine Touristenattraktion. Einzig im Winter 2006 musste die Capilano

DATEN & FAKTEN

Standort	überspannt den Capilano River in den Coast Mountains im Norden von Vancouver in British Columbia, Kanada
Bauphase	erster Bau 1888/1889, Neuerrichtung 1956
Erbauer	George Grant Mackay
Konstruktionsart	frei schwingende Seilbrücke
Material	erster Bau aus Hanfseilen und Zedernholz; beim Neubau wurden die Hanf- durch Stahlseile ersetzt und an den Enden mit Beton verfestigt
Gesamtlänge	137 Meter
Verkehrsart	Fußgängerbrücke

Die frei schwingende Seilbrücke überspannt den Capilano River in 70 Metern Höhe.

Suspension Bridge für einige Zeit gesperrt werden, da sie während eines Schneesturms von einer umstürzenden 300 Jahre alten Douglasfichte getroffen worden war. Der 46 Tonnen schwere Nadelbaum, der zersägt und beiseitegeschafft wurde, hinterließ zum Glück keinen nennenswerten Schaden.

Im Erlebnispark rund um die berühmte frei schwingende Fußgängerhängebrücke erwartet die Besucher zudem ein faszinierendes Labyrinth aus Treppen und Aussichtsplattformen sowie weitere Brücken. Oberhalb des wild dahinrauschenden Capilano River schlängelt sich der nervenzerreißende „Cliffwalk" am Felsen des Canyons entlang. Die hohen und schmalen Laufwege sind mit besonders flexiblen und tragfähigen Edelstahlseilen gesichert und ermöglichen den Besuchern ein fesselndes Panorama oberhalb des Canyons. Darüber hinaus wird die Capilano Suspension Bridge samt Park alljährlich zum Schauplatz großer Veranstaltungen mit festlicher Beleuchtung und Attraktionen für erlebnishungrige Ausflügler.

Sicherlich nicht jedermanns Sache: ein Spaziergang auf dem „Cliff-walk".

DIE CAPILONO SUSPENSION UND DAS BRÜCKENEXPERIMENT

Die Capilano Suspension Bridge war in den 1970er-Jahren Gegenstand des berühmt gewordenen „Brückenexperiments". Zwei Psychologen aus den USA wollten untersuchen, wie stark romantische Anziehungskraft durch die Fehlzuschreibung von Erregung verstärkt wird. Sie schickten eine attraktive Mitarbeiterin für eine Umfrage auf zwei völlig unterschiedliche Brücken: auf die schaukelnde Capilano Suspension Bridge mit ihrem niedrigen Geländer, unter sich in 70 Metern Tiefe der rauschende Fluss, und auf eine solide gebaute Zedernholzbrücke, die in nur 3 Metern Höhe über einen kleinen Nebenarm des Capilano River führte. Die junge Frau bat auf beiden Brücken männliche Passanten, einen belanglosen Fragebogen auszufüllen, anschließend gab sie den Männern für Rückfragen ihre Telefonnummer – mit einem verblüffenden Resultat. Die Probanden, die auf der wackeligen Hängebrücke angesprochen wurden, griffen viermal so häufig zum Telefon wie diejenigen auf der stabilen Holzbrücke, und zwar nicht, weil sie noch Fragen hatten, sondern weil sie die Frau ausgesprochen anziehend gefunden hatten und sie nun wiedersehen wollten. Die Männer, die die Capilano Suspension Bridge überquerten, waren nervös und machten als Grund dafür die Mitarbeiterin aus. Ihre Aufregung angesichts der im wahrsten Sinne des Wortes wackeligen und damit bedrohlichen Situation verwandelte sich in ein Gefühl der spontanen Anziehung und Verliebtheit. Inzwischen gibt es viele Indizien dafür, dass uns ein Mensch umso attraktiver erscheint, je mehr Adrenalin unser Körper gerade freisetzt. Dieses Phänomen beschrieb Ovid bereits vor 2000 Jahren treffend mit den Worten: „Die Leidenschaft erwacht vor allem an Orten der Aufregung." Die Kunst der Verführung gelingt demnach am besten in aufregenden Ausnahmesituationen – die Capilano Suspension Bridge ist dafür ein überzeugender Beweis.

TREE TOP WALK – VON BAUM ZU BAUM AUS DER EICHHÖRNCHEN-PERSPEKTIVE

Es hat beinahe etwas Magisches, inmitten eines Waldes die frische Luft einzuatmen und dabei die dichten Baumkronen zu bewundern. Wer den Wald einmal aus der Eichhörnchen-Perspektive erleben möchte, für den gibt es Naturerlebnispfade der ganz besonderen Art: die Tree Top Walks, zu Deutsch „Baumkronenwege". Hoch über dem Waldboden befinden sich diese spektakulären Fußgängerbrücken, auf denen man inmitten der Wipfel oder sogar darüber wandern kann (s. auch S. 138: Highline179, Österreich). Im Halbschatten des Blätterbaldachins entdeckt man hier eine ganz eigene Welt, die dem menschlichen Auge ansonsten verborgen bleibt.

Ursprünglich stammt die Idee der Tree Top Walks – einer Mischung aus Lehr- und Abenteuerpfad sowie Aussichtsplattform – aus den Urwäldern Südamerikas und Australiens, wo Outdoor-Begeisterte schon länger den Dschungel von oben erwandern. Meist handelt es sich hierbei um mehrere reine Erlebnisbrücken, die in den vergangenen Jahren weltweit einen regelrechten Boom ausgelöst haben.

Auch im Naturpark rund um die Capilano Suspension Bridge befindet sich inmitten der jahrhundertealten Douglasfichten seit 2004 ein Tree Top Walk, der sogenannte „Regenwaldpfad" mit insgesamt sieben Seilbrücken in bis zu 30 Metern Höhe, der einige Jahre später noch um den Cliffwalk ergänzt wurde. Über eine am Felsen des Canyons montierte Stahlbefestigung verläuft ein schmaler Holzsteg, teilweise blickt man durch einen Glasboden in den tiefen Abgrund. Schwindelfreie Besucher sollten sich dieses Abenteuer nicht entgehen lassen.

Der bislang längste Baumkronenpfad überhaupt wurde 2009 eröffnet und liegt im Bayerischen Wald, wo eine 1,3 Kilometer lange Holzkonstruktion, die sich mitunter als ein bis zu 25 Meter hoch gelegener Steg präsentiert, oberhalb des Mischwaldbodens entlangführt. „Gipfel" der Strecke ist ein in 44 Metern Höhe gelegener Baumturm aus einer luftig wirkenden Konstruktion, die um einige uralte und über 40 Meter hoch gewachsene Tannen und Buchen gebaut ist. Hier befindet man sich auf Augenhöhe mit Insekten und anderen Baumbewohnern. Auch Europas erster „schwebender" Tree Top Walk – eine reine Hängebrückenkonstruktion – befindet sich in Deutschland. Er wurde 2012 eröffnet und liegt am Hoherodskopf im hessischen Vogelsberg-Gebirge.

USA

MACKINAC BRIDGE

Die Mackinac-Brücke im US-Bundesstaat Michigan spannt sich nahe der kanadischen Grenze über die Mackinac Straits, die Wasserstraße zwischen den zwei gigantischen Binnenseen Lake Huron und Lake Michigan. Mit über 8 Kilometern Länge übertrifft sie die Golden Gate Bridge um das Dreifache und bildet damit eine der weltweit längsten Hängebrücken überhaupt. Seit bald sechs Jahrzehnten leistet „Big Mac" oder auch „Mighty Mac", deren Bau rund 100 Millionen US-Dollar verschlang, zuverlässig ihren Dienst.

Die Wasserstraße von Mackinac trennt die beiden Halbinseln Upper Peninsula mit der Ortschaft St. Ignace und die handschuhförmige Lower Peninsula mit der kleinen Gemeinde Mackinaw City an ihrer engsten Stelle um 6 Kilometer. Die unterschiedliche Schreibweise von Mackinaw City und Mackinac Bridge bei gleicher Aussprache ist im Übrigen auf die einerseits von den Franzosen, andererseits auch von den Engländern besiedelte Gegend zurückzuführen, die sich in diesem strategisch wichtigen Machtbereich vor allem im 18. Jahrhundert das Gebiet streitig machten.

Möchte man den Weg zwischen St. Ignace und Mackinaw City auf dem Landweg zurücklegen, so muss man eine Strecke von etwa 1000 Kilometern, die neben Michigan durch drei weitere US-Bundesstaaten führt, in Kauf nehmen. Vor dem Bau der Brücke war eine Fährverbindung die einzige Möglichkeit, diesen langen Umweg zu vermeiden. Der Fährbetrieb hatte jedoch einen entscheidenden Nachteil: Wetterbedingt konnte er nicht ganzjährig ausgeführt werden, denn das Kontinentalklima Nordamerikas sorgt regelmäßig für monatelange eisige Winter. Nicht selten erreicht das Eis der zugefrorenen Seen dabei eine Dicke von 3 Metern und ist damit selbst für größere Eisbrecher nur schwer zu bewältigen. Doch auch Stürme und hoher Wellengang machen die Wasserstraße für Fähren nicht nur in den Wintermonaten regelmäßig unpassierbar.

DATEN & FAKTEN

Standort	überspannt die Mackinac Straits im Norden von Michigan
Bauphase	1954–1957
Erbauer	David Bernard Steinman
Konstruktionsart	Hängebrücke
Material	Stahl
Höhe der Pylonen	168 Meter (über der Wasseroberfläche)
max. Spannweite	1158 Meter
Verkehrsart	Kraftfahrzeugbrücke (Interstate 75)

Mit einer Gesamtlänge von über 8000 Metern zählt sie zu den längsten Hängebrücken weltweit.

Seit etwa 1900 entwickelte sich die Gegend um die Großen Seen zu einem beliebten Urlaubsziel, und so begann man, konkrete Pläne für den Bau einer Brücke zu entwerfen, die nach so erfolgreichen Bauwerken wie der Brooklyn Bridge nun realisierbar erschien – auch wenn man sich der deutlich größeren Spannweite und der damit verbundenen bautechnischen Herausforderungen durchaus bewusst war. Es vergingen noch einige Jahrzehnte, bis 1934 die „Mackinac Straits Bridge Authority" gegründet wurde, die alle nötigen Maßnahmen zum Bau der Brücke auf den Weg bringen sollte. Durch den Ausbruch des Zweiten Weltkriegs wurden die Pläne abermals auf Eis gelegt und erst zehn Jahre später wiederaufgegriffen.

Die 168 Meter über der Wasseroberfläche aufragenden Pylonen werden durch je drei ornamentierte Querriegel versteift, die typisch für Steinmans Stil sind.

AUS FEHLERN LERNEN – FOLGEN DES EINSTURZES DER TACOMA-NARROWS-BRÜCKE

Mit der ersten Tacoma-Narrows-Brücke im US-Bundesstaat Washington wurde im Juli 1940 die zu diesem Zeitpunkt mit 853 Metern längste Hängebrücke weltweit fertiggestellt. Die überschlanke Bauweise mit einem Vollwandträger wurde bereits vor der Bauphase von vielen Ingenieuren kritisiert, aber letztlich konnte sich der Brückenbauer Leon Solomon Moisseiff aufgrund seiner hervorragenden Reputation vor jeder Konkurrenz durchsetzen. Dass er mit seiner Konstruktion eine noch nicht ausreichend erprobte technisch-physikalische Grenze ausreizte, erwies sich als fataler Fehler und führte am 7. November 1940 bei einem vergleichsweise harmlosen Sturm zum Einsturz der kompletten Brücke (siehe Kapitel Brückenunfälle S. 18).

Moisseiff, der „Vater" der Tacoma-Narrows-Brücke, der von jeder juristischen Schuld freigesprochen wurde, reichte auch einen Entwurf für die Mackinac-Brücke ein, doch nach dem Desaster wollte sich niemand mehr auf seine Baupläne verlassen. Den Zuschlag für die Konstruktion erhielt einige Jahre später David B. Steinman, der selbstbewusst erklärte, dass seine Brücke jede noch so heftige Windstärke unbeschadet überstehen würde. Bis heute hat er recht behalten – sogar der Absturz eines Kleinflugzeugs, das in die Hängekabel geriet, blieb für die Brücke abgesehen von ein paar Schrammen folgenlos.

David Steinman legte bei seinem Entwurf höchsten Wert auf Sicherheit, ohne dabei ästhetische Kriterien aus den Augen zu verlieren. Allein für die unter Wasser liegenden Fundamente wurden mehr als 700 000 Tonnen Beton und Stahl verarbeitet, die dem enormen Druck der regelmäßig im Winter auftretenden Eisgänge standhalten. Der Großteil dieses außerordentlich hohen Materialaufkommens entfällt auf die beiden Ankerblöcke sowie die Fundamente der zwei Pylonen, die sich 168 Meter über die Wasseroberfläche erheben und mit ornamentalen Querstreben versehen sind. Diese Querstreben sind es, die der Brücke eine ebenso klassische wie elegante Anmutung verleihen.

Ein weiterer Garant für die hohe Sicherheit der Brücke ist der ausgesprochen hohe (11,6 Meter) und breite (20,9 Meter) Fahrbahnträger. Während die eingestürzte Tacoma-Narrows-Brücke mit ihrer Spannweite von 853 Metern und einem 2,40 Meter hohen Versteifungsträger ein Verhältnis von 1:355 aufwies, liegt dieses bei der Mackinac Bridge mit

MACKINAC BRIDGE WALK

Jedes Jahr im September ist die Brücke am Labour Day ein paar Stunden für Passanten geöffnet, die „Mighty Mac" für gewöhnlich nicht zu Fuß passieren dürfen. Den sogenannten Mackinac Bridge Walk, bei dem zwei Fahrstreifen für den Verkehr gesperrt werden, gibt es seit 1958. Waren es anfangs nur wenige Dutzend „Bridge Walker", so lockt das Spektakel inzwischen mehrere Zehntausend Neugierige an. Zu schaffen ist der Marsch bei zügigem Schritt in einer guten Stunde, doch die meisten lassen sich lieber doppelt so viel Zeit – denn schließlich lädt der Tag zum Verweilen ein, um das bauliche Meisterwerk aus der Nähe zu bewundern und die Aussicht von der Brücke zu genießen.

einer maximalen Spannweite von 1158 Metern bei 1:100. Das offene Stahlfachwerk des Fahrbahnträgers sowie die aus Stahlgittern angefertigten Überholspuren auf der Brücke bieten Wind, der sich in der Mackinac Straits durchaus zu heftigen Stürmen entwickeln kann, eine möglichst geringe Angriffsfläche. Windinduzierte Schwingungen werden dadurch auf ein Minimum reduziert. Und dennoch wird „Mighty Mac" bei Windstärken ab 100 Stundenkilometern für den Verkehr gesperrt. Diese Präventivmaßnahme ist nicht als Zeichen der Sorge zu verstehen, die Brücke könne partiell einstürzen, sondern vielmehr dem Umstand geschuldet, dass heftige Böen die Fahrzeuge umwerfen könnten.

Wer trotz all dieser Sicherheitsvorkehrungen eine Überquerung dieses gewaltigen Bauwerks lieber meidet, kann einen Extraservice in Anspruch nehmen: Auf Wunsch kann man von einem Begleiter der Mautstation über die Brücke gefahren werden.

USA

BROOKLYN BRIDGE

Als im Frühjahr 1883 der Bau der Brooklyn Bridge nach 14-jähriger Bauzeit vollendet wurde, hatte New York ein schillerndes neues Wahrzeichen. Die Brücke mit ihrem magischen Netz aus Stahlkabeln hat nichts von ihrer Faszination verloren, dennoch muss die damalige Wirkung um einiges imposanter gewesen sein als heute: In einem Stadtbild, das noch nicht von Wolkenkratzern geprägt war, überragten die beiden Turmpfeiler alle Bauwerke weit und breit. Die Brooklyn Bridge läutete den Siegeszug der Hängebrücke ein und war zwei Jahrzehnte die längste Hängebrücke der Welt. Heute wirkt sie wie ein eleganter Gast aus vergangenen Zeiten.

Die Fähren zwischen Manhattans Lower East Side und Brooklyn brauchten für ihre weniger als 1 Kilometer lange Überfahrt zwar nur 10 Minuten, doch die New Yorker Winter sind hart und der East River oft voller gewaltiger Eisschollen. 1857 benötigte der deutsche Einwanderer John A. Roebling mit seinem 15-jährigen Sohn Washington für die Passage daher mehrere Stunden. Fortan ließ ihn der Gedanke, die Stadtteile mit einer Brücke zu verbinden, nicht mehr los. Noch im selben Jahr versuchte er, die Stadtväter New Yorks von einer Brückenkonstruktion über den East River zu überzeugen. Seine Bemühungen blieben zunächst erfolglos, auch wenn er durch die Überspannung des Niagara in der Nähe der Wasserfälle ein tadelloses Renommee als Brückenexperte erworben hatte. Als die Fähren im bitterkalten Winter 1866/67 wochenlang ihren Betrieb einstellen mussten und den Rhythmus der Weltstadt aus dem Takt brachten, war die stetig wachsende Metropole dieses Übel endgültig leid. Roebling wurde noch im selben Jahr zum Chefingenieur berufen.

DATEN & FAKTEN

Standort	überspannt den East River und verbindet die New Yorker Stadtteile Lower Manhattan und Brooklyn
Bauphase	1869–1883
Erbauer	John A. Roebling (Planung), Washington Roebling (ausführender Chefingenieur), Emily Warren Roebling (Bauleiterin)
Konstruktionsart	Hängebrücke
Material	Stahl und Granit
Gesamtlänge	1825 Meter
max. Spannweite	486 Meter
lichte Höhe	41 Meter
Verkehrsart	Straßenbrücke mit Fuß- und Radweg, bis 1950 Bahnverkehr

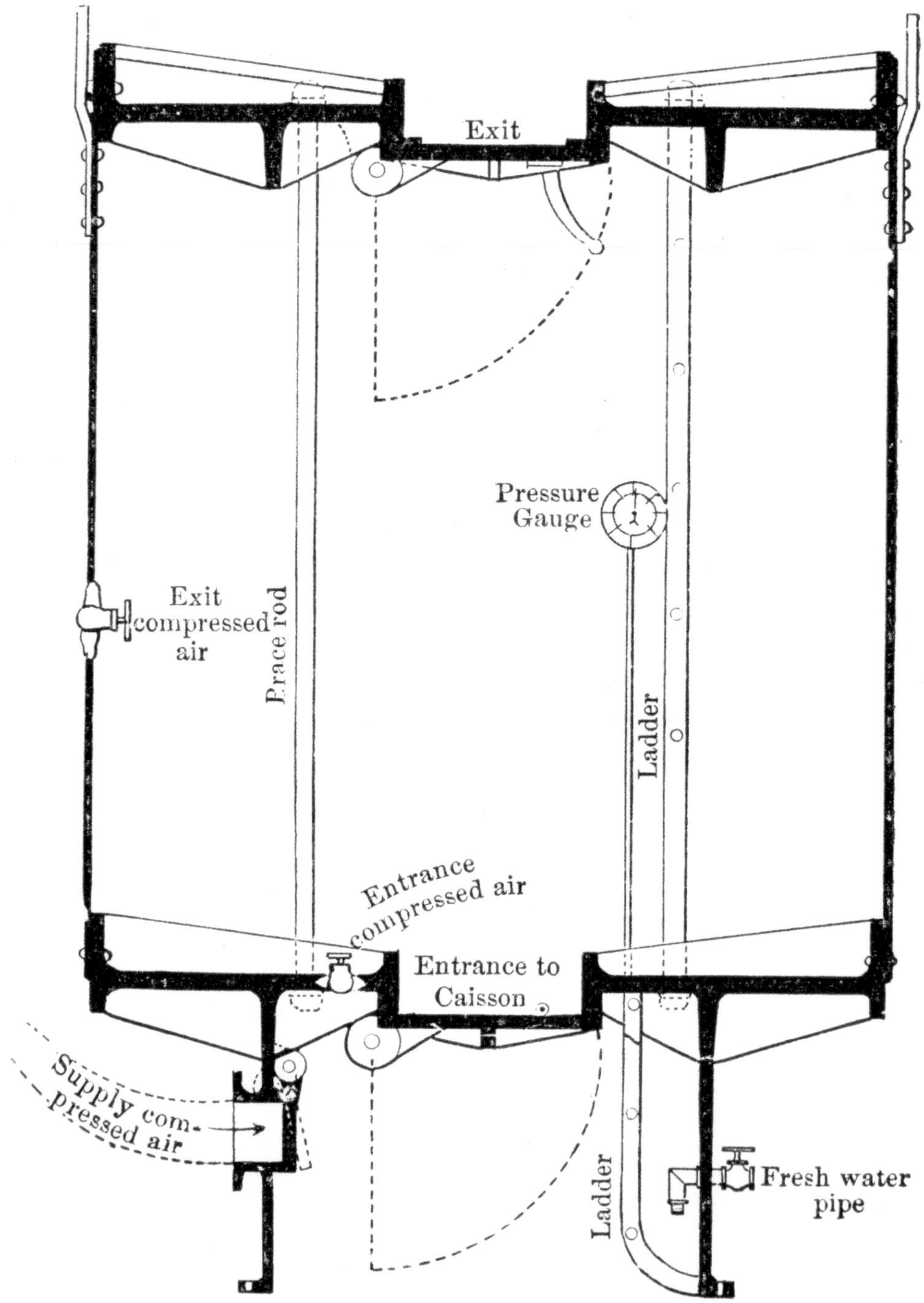

AIR LOCK.

Schematische Darstellung einer Druckluftschleuse, die zur Fundamentierung der Brückenpfeiler genutzt wurde (zeitgenössischer Stich)

Knapp 23 000 Kilometer Stahlkabel halten die Brückenkonstruktion zusammen.

DIE ROEBLINGS UND „IHRE" BRÜCKE: EINE DÜSTERE TRAGÖDIE

John A. Roebling erlebte die Fertigstellung der von ihm entworfenen Brücke nicht: Kurz vor Baubeginn quetschte er sich einen Fuß bei den abschließenden Vermessungsarbeiten und starb drei Wochen später an einer Tetanus-Vergiftung, da er eine medizinische Behandlung kategorisch abgelehnt hatte. Sein Sohn Washington Roebling – ohnehin zum Stellvertreter seines Vaters ernannt – führte das Werk als Chefingenieur fort, erlitt während der Bauarbeiten aber ebenfalls einen Arbeitsunfall und war für den Rest seines Lebens an den Rollstuhl gefesselt. Nun übernahm mit seiner Ehefrau Emily Warren Roebling die einzige Frau, die am Bau der Brücke beteiligt war, die Leitung. Washington Roebling verfolgte die Bauarbeiten mit einem Fernrohr aus seinem Schlafzimmerfenster, während seine Frau, die über ein

Mathematik- und Naturwissenschaftsstudium verfügte und sich die erforderlichen Ingenieurskenntnisse aneignete, zwischen der Baustelle und ihrem Mann vermittelte.

Der eigentliche Bau begann im Januar 1870 mit den Vorbereitungen der Fundamente für die beiden Brückenpfeiler. Diese wurden mit einer neuartigen Methode auf dem Grund des East River befestigt: der Caissongründung. Ein Senkkasten (Caisson) aus Holz mit einer Öffnung an der unteren Seite wurde von oben beschwert und so in den East River abgesenkt. Nun verdrängte man durch Überdruck das Wasser aus dem Hohlraum, damit man ihn durch eine Luftschleuse betreten konnte. Während auf der Oberseite die Granitblöcke für die Türme gemauert wurden und mit ihrem Gewicht die Caissons absenkten, schafften die Arbeiter unter Wasser den Aushub beiseite, sodass sich die Fundamente Zentimeter für Zentimeter in die Tiefe arbeiten konnten. Für den Brooklyn-Turm stieß man in 14 und für den Manhattan-Turm in 24 Metern Tiefe unter der Wasseroberfläche auf tragfähigen Grund. Die schweißtreibenden Arbeitsbedingungen in einem Caisson bei einem Hungerlohn waren brutal und extrem gefährlich. Viele Arbeiter – darunter auch Washington Roebling – litten unter der mysteriösen „Klappkrankheit", die so hieß, weil man wie ein Taschenmesser zusammenklappte. Zudem setzten Luftnot, Krämpfe, Lähmungen, geplatzte Trommelfelle oder Blutungen aus Nase und Mund zahlreiche Arbeiter außer Gefecht. Erst viel später erkannte man, dass der mangelnde Druckausgleich beim Verlassen des Überdruckbereichs für diese Auswirkungen – heute unter dem Begriff „Taucherkrankheit" bekannt – verantwortlich war. Die beiden auf den Fundamentblöcken ruhenden und aus Granitblöcken gemauerten Türme im neugotischen Stil, welche mit den bis zu 40 Zentimeter starken Stahldrahtkabeln die Konstruktion tragen, sind 88 Meter hoch und von zwei hohen Spitzbogen durchbrochen. Experten bescheinigen der „alten Dame", die noch heute in weiten Teilen der Originalkonstruktion entspricht, bis heute perfekte Sicherheit. 1950 wurde die Brooklyn Bridge nach einem Entwurf von David B. Steinman verstärkt und an den modernen Autoverkehr angepasst, ohne dabei ihr charakteristisches Aussehen zu verändern. Während dieser Sanierung war die Entfernung der Schienen der größte Umbau, um insgesamt sechs Fahrspuren für den zunehmenden Kraftfahrzeugverkehr zu schaffen. Außerdem wurde der hölzerne Fahrbahnbelag durch Stahlplatten ersetzt.

Die Brooklyn Bridge war die erste Brücke, bei deren Bau Tragseile aus geflochtenem Draht anstatt schwerer Ketten verwendet wurden. Knapp 23 000 Kilometer Stahlkabel halten die Konstruktion zusammen. Tausende Drähte wurden in einer Vorrichtung von

Historische Aufnahmen des Baus der Brooklyn Bridge.

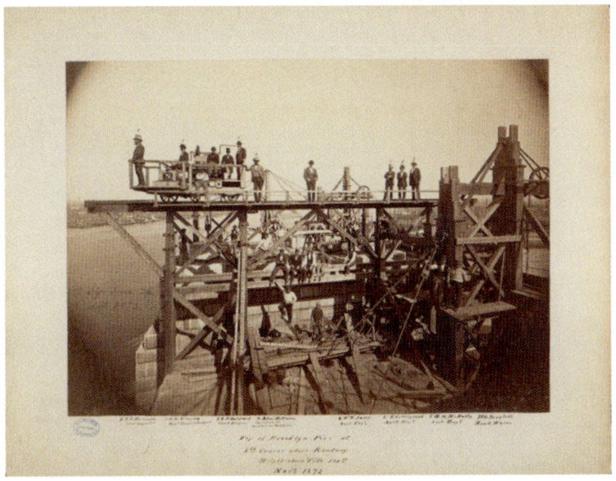

Ankerblock zu Ankerblock geschickt und zu Kabelsträngen zusammengefasst. Zusätzliche Drahtseile verbinden die Turmspitzen mit dem Träger und dienen somit zur Versteifung der Konstruktion – ein gelungener „Drahtseilakt" zwischen Eleganz und Stabilität. Das filigrane Netzwerk aus vertikalen Hängeseilen und diagonal gespannten Schrägseilen ist eine Pionierleistung der Statik und mutet an wie ein Spinnennetz. Diese Technik verhindert gefährliche Schwingungen der Fahrbahn und verleiht der Stahlkonstruktion gleichzeitig eine unbeschwerte Leichtigkeit.

Da die New Yorker der Belastbarkeit der Brooklyn Bridge zu Beginn äußerst skeptisch gegenüberstanden, trampelten 1883 zu Demonstrationszwecken 21 Zirkus-Elefanten der „Barnum Freak Show" über die Brücke – damit war die Stabilität „beglaubigt", und 150 000 Schaulustige wagten ihre erste Überquerung. Von ihrem Fußgängerüberweg in 40 Metern Höhe über den Fahrbahnen hat man heute auf dem Weg von Brooklyn nach Manhattan einen herrlichen Blick auf die Skyline New Yorks. Und um ihre Schönheit auch nachts zu unterstreichen, wird sie schon seit Langem beleuchtet. Der als achtes Weltwunder bestaunten Brücke ist es nicht nur zu verdanken, dass die beiden New Yorker Stadtteile Manhattan und Brooklyn zusammengewachsen sind und eine gemeinsame Identität gefunden haben, sie setzte zudem in technischer und architektonischer Hinsicht völlig neue Maßstäbe.

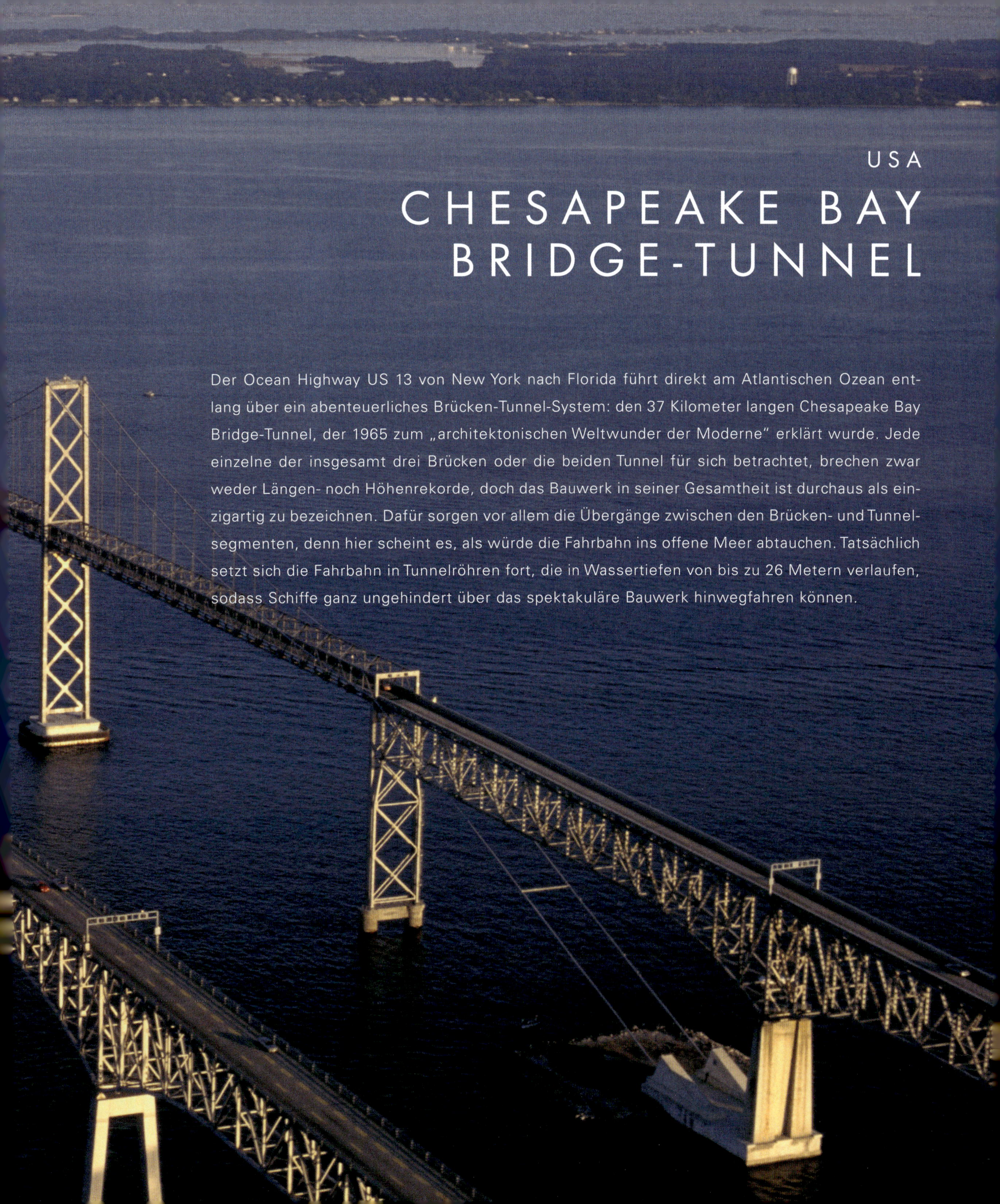

USA

CHESAPEAKE BAY BRIDGE-TUNNEL

Der Ocean Highway US 13 von New York nach Florida führt direkt am Atlantischen Ozean entlang über ein abenteuerliches Brücken-Tunnel-System: den 37 Kilometer langen Chesapeake Bay Bridge-Tunnel, der 1965 zum „architektonischen Weltwunder der Moderne" erklärt wurde. Jede einzelne der insgesamt drei Brücken oder die beiden Tunnel für sich betrachtet, brechen zwar weder Längen- noch Höhenrekorde, doch das Bauwerk in seiner Gesamtheit ist durchaus als einzigartig zu bezeichnen. Dafür sorgen vor allem die Übergänge zwischen den Brücken- und Tunnelsegmenten, denn hier scheint es, als würde die Fahrbahn ins offene Meer abtauchen. Tatsächlich setzt sich die Fahrbahn in Tunnelröhren fort, die in Wassertiefen von bis zu 26 Metern verlaufen, sodass Schiffe ganz ungehindert über das spektakuläre Bauwerk hinwegfahren können.

DATEN & FAKTEN

Standort	überspannt den Süden der Chesapeake Bay im US-Bundesstaat Virginia
Bauphase	1960–1964, Erweiterung der drei Brückenabschnitte 1995–1999
Erbauer	Leif J. Sverdrup & John I. Parcel
offizieller Name seit 1987	Lucius J. Kellam Jr. Bridge-Tunnel (benannt nach einem der wichtigsten Initiatoren des Brückenbaus)
Konstruktionsart	Brücken-Tunnel-Kombination
Gesamtlänge	37 Kilometer (inklusive beider Auffahrten)
Verkehrsart	Kraftfahrzeugverkehr
Besonderheiten	Der Chesapeake Bay Bridge-Tunnel ist das längste Bauwerk seiner Art. Weltweit gibt es nur ein Dutzend Brücken-Tunnel-Systeme.

Dank der zwei Tunnelabschnitte des gigantischen Bauwerks können Containerschiffe problemlos die Chesapeake Bay befahren.

Seit mehr als 50 Jahren verkürzt der Chesapeake Bay Bridge-Tunnel inmitten eines der bedeutendsten Naturparadiese Nordamerikas den Landweg um die von den Bundesstaaten Virginia und Maryland eingerahmte Chesapeake Bay, die 330 Kilometer landeinwärts ragt. Das Brücken-Tunnel-System ist eine direkte Verbindung zwischen der Hampton Roads Area, einem Ballungsgebiet auf dem Festland im Südosten des Bundesstaates Virginia, und der „Delmarva"-Halbinsel – ein Kunstwort aus Delaware, Maryland und Virginia. Wem die Über- und Unterquerung angesichts der Länge und der Tunnelabschnitte zu gewagt erscheint, was durchaus keine Seltenheit ist, kann die Chesapeake Bay natürlich auch umfahren, muss dafür allerdings gewaltige Umwege in Kauf nehmen: Bewohner von Cape Charles am südlichsten Punkt der Delmarva-Halbinsel müssten ganze 630 Kilometer zurücklegen, um das nur 45 Kilometer Luftlinie entfernte Portsmouth auf der anderen Seite der Bucht zu erreichen.

Bis 1964 musste man die Chesapeake-Bucht, in die mehr als 150 Flüsse münden und die eine Fläche von 12 000 Quadratkilometern bedeckt, in einer 90-minütigen Überfahrt mit einer Fähre überqueren. Um die Passage für den stetig zunehmenden Verkehr auf 30 Minuten zu verkürzen, wurde der Bau einer festen Verbindung beschlossen und ohne staatliche Förderung privat vorfinanziert. Da die U.S. Navy befürchtete, dass ihre Flotte durch eine reine Brücken-Konstruktion an der Durchfahrt behindert werden könnte, schloss man diese Konstruktionsart bei der Planung von vorneherein aus. Die Zufahrt zu den Häfen zwischen Baltimore und Norfolk musstc ununterbrochen gewährleistet sein. Der Chesapeak Bay Bridge-Tunnel, dessen Bau dreieinhalb Jahre in Anspruch nahm, besteht daher aus drei Brückensegmenten – zwei davon sind

14,5 Kilometer lang, das dritte 5 Kilometer –, die im Bereich der stark frequentierten Tiefwasserkanäle durch zwei Tunnel unterbrochen werden. Die Fahrrinne ist oberhalb der Tunnel für Schiffe mit einem Tiefgang von bis zu 15 Metern knapp 600 Meter breit ausgebaut, sodass selbst Ozeanriesen wie Kreuzfahrtschiffe oder Flugzeugträger die Stellen problemlos passieren können.

Vor dem Bau mussten Geotechniker die Belastbarkeit des Baugrunds unter Wasser prüfen. Da der solideste Bodenbereich in der Bucht nicht geradlinig verläuft, man weitere Stellen aber nicht aufwendig stabilisieren wollte, entschied man sich für einen etwas längeren, kurvenförmigen Verlauf. Die insgesamt 5000 Stützpfeiler aus Stahl waren bei ihrem Einbau innen hohl und wurden nach der Montage mit Sand und Beton verfüllt, um sie gegen Strömung und starken Seegang zu wappnen. Jeweils drei Pfeiler wurden zu einer Montageeinheit zusammengefasst, um anschließend die an Land vorgefertigten Fahrbahnteile aufzulegen. Würde man alle Stützpfeiler, die die Fahrbahn tragen, aneinanderlegen, so käme man auf eine „Parade" von 160 Kilometern.

Der nördliche Schifffahrtsweg führt über den 1596 Meter langen Chesapeake Channel Tunnel, die südliche Fahrrinne über den 1692 Meter langen Thimble Shoal Tunnel. Durch das damit verbundene Auf- und Abtauchen der Fahrbahn mutet das Bauwerk ein wenig wie der Rücken eines Drachens an, der sich durch das Wasser der Bucht schlängelt. Vier künstlich angelegte Inseln wurden für die Tunneleingänge bzw. Ausfahrten aufgeschüttet und dienen der riesigen Konstruktion gleichzeitig als Stütze. Weit mehr als 1 Million Tonnen Material wurde bewegt, um diese Inseln anzulegen. Heute hält der dem unberechenbaren Nordostwind des Atlantiks ausgesetzte Chesapeake Bay Bridge-Tunnel Orkanen von bis zu 165 Stundenkilometern ohne Weiteres stand; zudem wurde er so konstruiert, dass ihm Sturmwellen bis zu einer Höhe von 5 Metern sowie der Anstieg des Wasserspiegels um bis zu 3 Meter nichts anhaben können.

Die Tunnel wurden aus insgesamt 37 Segmenten zusammengesetzt, die eine Länge von 90 Metern und einen Durchmesser von 10 Metern aufweisen. Sie wurden auf einer Werft in Texas vorgefertigt und über den Seeweg an ihren Zielort eingeschleppt, um dort miteinander verbunden und abgesenkt zu werden. Stürmisches Wetter verzögerte diese Arbeiten immer wieder, denn die Elemente konnten nur bei ruhigem Seegang dauerhaft gegen Auftrieb gesichert werden.

Aufgrund der hohen Verkehrsauslastung wurde in den Jahren 1995–1999 eine zweite Brücke errichtet.

Zwischen 1995 und 1999 erfolgte ein Ausbau auf ein vierspuriges System, indem man eine zweite Brücke errichtete, die etwa 70 Meter parallel zur bereits bestehenden Fahrbahn geführt wurde. Erst auf den künstlichen Stützinseln, also kurz bevor es in die Tunnelabschnitte geht, laufen diese beiden separaten Fahrspuren wieder zusammen. Seit Beendigung des zweiten Bauabschnitts sind somit nur noch die beiden Tunnel zweispurig – ein Umstand, der im Verlauf der nächsten 20 Jahre behoben werden soll, indem zwei weitere Tunnel neben den bereits bestehenden errichtet werden sollen, um bei der hohen Auslastung weiterhin angemessene Sicherheit und Komfort bieten zu können.

Der Chesapeake Bay Bridge-Tunnel sorgt nicht nur für mehr Komfort auf dem Ocean Highway entlang des Atlantiks, sondern ist für sich eine Attraktion, die jedes Jahr zahlreiche Touristen anlockt. Die südlichste der vier aufgeschütteten Inseln, „Sea Gull Island", ist ein besonders beliebtes Ausflugsziel mit einem Restaurant und einem 200 Meter langen Pier, der zu Zeiten der Fischwanderungen zu einem begehrten Platz für Angelfreunde wird.

USA

GOLDEN GATE BRIDGE

Majestätisch und stolz überspannt sie den Eingang zur Bucht von San Francisco, als wolle sie die Einfahrt der Schiffe bewachen: die Golden Gate Bridge. Schon von Weitem leuchtet die wohl berühmteste und meistfotografierte Brücke der Welt im „International Orange" über dem Wasser des Pazifischen Ozeans vor dem strahlendblauen kalifornischen Himmel, nicht weit davon entfernt erheben sich die grünen Hügel von Marin County. Alljährlich strömen Abertausende Touristen in die Metropole, um die Brücke einmal gesehen zu haben.

Als die Fährverbindungen in der San Francisco Bay endgültig an ihre Kapazitätsgrenzen stießen und die Verkehrswege permanent überlastet waren, entschloss man sich Anfang der 1930er-Jahre mit dem Bau der Golden Gate Bridge zu einem waghalsigen Unterfangen, für dessen Größenordnung es damals so gut wie keine Vergleichsmöglichkeiten gab. Dem Baubeginn ging ein fieberhafter Experten-Streit voraus, ob die gefährlichen Gezeitenströmungen mit immerhin bis zu 7,5 Knoten und die enorme Ausdehnung überhaupt zu bezwingen wären, noch dazu in einer tektonisch besonders aktiven Region. Eine weitere Herausforderung für das Mammutwerk war der rege Schiffsverkehr, den die Brücke nicht behindern durfte und dessen reibungsloser Ablauf auch während der mehr als vierjährigen Bauphase durchgehend gewährleistet sein musste. Daher entschied man sich für eine reine Hängebrückenkonstruktion, die die gesamte Bucht überspannt und mit 67 Metern Durchfahrtshöhe auch Ozeanriesen passieren lässt.

DATEN & FAKTEN

Standort	überspannt den Eingang zur San Francisco Bay in Kalifornien, USA
Bauphase	1933–1937
Erbauer	Joseph Baermann Strauss (Chefingenieur), Irving Fo Morrow (Architekt), Charles Alton Ellis (Statiker)
Konstruktionsart	Hängebrücke
Material	Stahl
Durchfahrtshöhe	bei Hochwasser 67 Meter
Gesamtlänge	2740 Meter (inkl. Zufahrten)
max. Spannweite	1281 Meter
Verkehrsart	Autobahnbrücke mit Gehweg für Fußgänger und Radfahrer

Von Januar 1933 bis Mai 1937 wurde der Bau unter der Leitung des Ingenieur-Genies Josef B. Strauss umgesetzt. Mit 1500 Arbeitern baute er mitten in der großen Depression nach dem Börsencrash von 1929 die Brücke. Verantwortlich für alle mathematischen Berechnungen war der Statiker Charles A. Ellis, den Strauss jedoch noch vor Baubeginn nach einem Streit entließ. Es ist heute schwer vorstellbar, dass Ellis seine Gleichungen nur mit handschriftlichen Notizen, Lineal, Zirkel und Rechenmaschine bewerkstelligte.

Als die Golden Gate Bridge am 27. Mai 1937 nach vierjähriger Bauzeit feierlich eingeweiht wurde, war an der amerikanischen Pazifikküste ein neues Wahrzeichen erschaffen. Das grandiose Bauwerk ist ein Meilenstein der Brückengeschichte und brach mit folgenden Eckdaten eine Vielzahl bisheriger Rekorde: eine Spannweite von 1281 Metern, Pylonen mit 227 Metern Höhe, Kabelstränge mit 2332 Metern Länge und 92 Zentimetern Umfang. Hinzu kommen die gigantischen Unterwasserfundamente, die jeweils die Größe eines Fußballfeldes umfassen. Die beiden massiven Hauptkabel aus 129 000 Kilometern Draht halten die sechsspurige Fahrbahn in der Schwebe – ein Anblick, der auch bei wiederholter Betrachtung fesselt.

Unübertroffen ist nach wie vor ihre legendäre Erscheinung, in der Mythos, Funktionalität und Anmut auf berauschende Art miteinander verschmelzen. Ihre vollendete Schönheit verdankt die Golden Gate Bridge ihrem kongenialen Architekten Irving F. Morrow, einem unbestrittenen Meister des Art déco. Morrow verlieh der Brücke ihre Form, ohne dabei den technisch geprägten Ausdruck zu vernachlässigen. Seine gestalterischen Ausformungen unterstreichen die Funktionalität, machen sie aber gleichzeitig zu einer Augenweide für den Betrachter. Vor allem zu Fuß kann man die unter dem Kraftfahrzeugverkehr vibrierende Brücke „erleben", die täglich von Tausenden Radfahrern und Fußgängern und jährlich von über 40 Millionen Autos passiert wird.

Die Instandhaltung der Brücke ist extrem aufwendig; ein 40-köpfiges Anstreicherteam kämpft mit frischer Farbe unentwegt gegen Verwitterung und trotzt dabei Wind und Wetter. Ein Komplettanstrich dauert zehn Jahre und verschlingt etwa eine halbe Million Liter der markanten und im Übrigen patentierten Farbe. Ob auf schwingenden Kabeln oder den Turmspitzen in 227 Metern Höhe: Schwindelfreiheit ist für diese Aufgabe unerlässlich. Ein weiteres Team aus 18 Stahlbauingenieuren kümmert sich um alle technischen und statischen Belange des Bauwerks, um es vor Verschleiß zu bewahren.

ERDBEBENSICHERHEIT

Kalifornien ist eines der tektonisch aktivsten Gebiete der Erde, und der berühmt-berüchtigte San-Andreas-Graben befindet sich lediglich ein paar Meilen von der San Francisco Bay entfernt. Das letzte schwere Erdbeben in der Region ereignete sich im August 2014 und war mit einer Stärke von 6,0 möglicherweise nur ein Vorgeschmack auf „The Big One". Experten schätzen, dass die Golden Gate Bridge Erdbeben bis zu einer Stärke von 8,3 unbeschadet überstehen würde. Dass sie vergleichsweise stabil ist, erwies sich beim 15 Sekunden dauernden Loma-Prieta-Erdbeben am 17. Oktober 1989 mit einer Stärke von 7,1 – dem stärksten Erdstoß nach dem großen Beben von 1906. Während Teile der Oakland Bay Bridge kollabierten und ein 15 Meter langes Teilstück der oberen Fahrbahn auf die untere fiel, nahm die nur 4 Meilen entfernte Golden Gate Bridge keinen nennenswerten Schaden. Mit Schwingungsdämpfern und neuen Stahlteilen zur Verstärkung der Fundamente erhielt die Brücke einen Retrofit gegen weitere Erdstöße. Ob diese Maßnahmen ausreichen, kann jedoch nur der Ernstfall zeigen.

Der größten Belastungsprobe war die Brücke bislang allerdings nicht bei einem Erdbeben, sondern an ihrem 50. Geburtstag ausgesetzt, als zur Feier frühmorgens 300 000 Menschen auf die Fahrbahnen strömten. Mit einem solchen Andrang hatte niemand gerechnet, und die sonst leicht nach oben gewölbte Fahrbahn drückte sich unter dem Gewicht durch. So nervenaufreibend dies für die Verantwortlichen und Besucher war: Die Brücke hielt stand. Dennoch wird seither gründlich darauf geachtet, dass sich ein solcher Massenandrang nicht wiederholt.

Ihren Namen verdankt die Golden Gate Bridge der Bucht, die sie quert, sowie ihrem rötlich-orangefarbenen Anstrich, der im Nebel am besten zur Geltung kommt.

VENEZUELA

GENERAL-RAFAEL-URDANETA-BRÜCKE

„Puente sobre el Lago", zu deutsch: „Brücke über den See", nennen die Maracaiber lakonisch das Bauwerk, das ihnen 1962 den Weg zum Binnenland eröffnete. Bei ihrer Fertigstellung galt die mehrfeldrige Multi-Schrägseilbrücke des italienischen Ingenieurs Riccardo Morandi als weltweit erste und längste ihrer Art. Die Brücke, die für Maracaibo und sein Umland eine beträchtliche Bevölkerungsentwicklung bewirkte, würdigt in ihrem Namen General Rafael José Urdaneta, der sich in den Unabhängigkeitsbestrebungen Venezuelas verdient gemacht hat.

Tatsächlich ist der genannte „See" eine Brackwasserbucht mit direktem Zugang zum Golf von Venezuela. Das erklärt, wie die gigantischen Hochsee-Öltanker, die an den Förderstätten „Schwarzes Gold" für die ganze Welt aufnehmen, überhaupt hierhin gelangen. Sie sind es, die das 93 Millionen US-Dollar teure Brückenprojekt finanziell ermöglicht haben. 1914 – also noch rund zwei Jahrzehnte vor der Entdeckung gigantischer Ölfelder in Saudi-Arabien – fanden Prospektoren der aufstrebenden Mineralölindustrie lohnende Lagerstätten unterhalb des Maracaibo-Sees. Die Stadt Maracaibo, eine historisch gewachsene Mischung aus indianischen, spanischen, italienischen und deutschen Einflüssen, wurde damit aus spätkolonialer Beschaulichkeit in einen rasanten Aufschwung gerissen. Ihre geografische Lage am nordwestlichen Rand des Binnenmeeres und im äußersten Westen des Landes nahe der Grenze zu Kolumbien hemmte jedoch die urbane Entwicklung: Waren und Güter aus der Hauptstadt mussten entweder per Fähre oder über große Umwege in die Metropole transportiert werden.

DATEN & FAKTEN

Offizieller Name	Puente General Rafael Urdaneta
Standort	überspannt den Maracaibo-See
Bauphase	1959–1962
Erbauer	Precomprimido C.A. und Julius Berger A.G.
Konstruktionsart	Schrägseilbrücke
Material	Spannbeton
Gesamtlänge	8678 Meter
lichte Höhe	45 Meter
max. Spannweite	235 Meter
Verkehrsart	Autobahnbrücke

DIE AUFLÖSUNG DES NADELÖHRS

Während Öl und Geld sprudelten, blieb das Land politisch von Revolutionen, Diktaturen und Militär-Juntas zerrissen. Trotzdem verbesserte sich die Infrastruktur: Eisenbahnen und Straßen wurden gebaut und Brücken über zahlreiche Flüsse geführt. Doch unverändert endete die Straße von der Hauptstadt Caracas nach Maracaibo jäh am Ufer des Sees. Diktator Jiménez schrieb deshalb 1956 einen internationalen Wettbewerb für die Lösung des Problems aus. Drei Jahre und eine weitere Ausschreibung später stand der Entwurf. Die Wahl fiel auf eine Spannbetonkonstruktion nach dem Entwurf des italienischen Ingenieurs Riccardo Morandi. Doch bevor es zur Umsetzung kam, erschütterte ein erneuter Putsch das lateinamerikanische Land. Bei den ersten freien Wahlen wurde Rómulo Betancourt zum neuen Präsidenten gewählt. Er sorgte für den endgültigen Baubeginn.

Bei den Detailplanungen erwies sich eine Spannweite von 400 Metern, die zunächst vorgesehen war, als nicht umsetzbar. Stattdessen entschied man sich für eine fünffeldrige Schrägseilkonstruktion als Herzstück der Brücke mit Spannweiten von jeweils 235 Metern. Es ist der architektonisch ansprechendste Teil, denn hier erheben sich die sechs Pylonen von den über der Wasseroberfläche befindlichen Pfahlkopfplatten 92,5 Meter in die Höhe. Die Bauweise ist dem schwierigen geologischen Grund geschuldet, der den

Bis in die 1960er-Jahre waren die Anrainer des Maracaibo-Sees zum Erreichen des Binnenlandes allein auf Boote angewiesen. Die Brücke bescherte der Region einen demografischen und ökonomischen Aufschwung.

Einsatz von Ramm- und Bohrpfählen nötig machte, die bis in eine Tiefe von 56 Metern reichen, während das Wasser selbst nur 18 Meter tief ist. Von der Seite aus betrachtet präsentieren sich die Pylonen als A-förmige Rahmen, die sich mit zunehmender Höhe verjüngen, sodass im Abschluss ein vergleichsweise schmaler Querriegel zur Verbindung der beiden Elemente genügt. Die gut 7 Zentimeter dicken Schrägseile, die ausschließlich von den Spitzen der Pylonen abgehen, tragen die 189 Meter langen Fahrbahnträger, die jeweils mit einem 46 Meter langen Spannbetonträger verbunden sind, sodass sich eine maximale Spannweite von 235 Metern ergibt. Diese Bauweise hält einen auf den ersten Blick nicht sichtbaren Vorteil bereit: Im Falle einer Instabilität der Brücke – ausgelöst durch Erdbeben oder Schiffskollisionen – liegen hier die Sollbruchstellen, dank derer die umliegenden Teile nicht in Mitleidenschaft gezogen werden.

Wie stabil und wie autark die Segmente der Brücke sind, zeigte sich knapp zwei Jahre nach der Eröffnung der Brücke: Am 6. April 1964 rammte der Tanker ESSO Maracaibo nach einem Ausfall der Ruderanlage drei Viaduktpfeiler. Mehrere Felder stürzten auf einer Länge von 260 Metern ein, während die anderen Segmente keinen Schaden durch die Kollision nahmen. Zum Glück sank auch das mit 236 000 Barrel Rohöl beladene Schiff nicht, sodass eine ökologische Katastrophe ausblieb. Doch vier Personenwagen wurden in die Tiefe gerissen – sieben Menschen kamen ums Leben. Innerhalb weniger Monate wurde die Brücke wieder instand gesetzt – was auch dank der von Morandi vorgesehenen Modulbauweise, bei der die Einzelteile weitgehend an Land gefertigt werden, möglich war.

Seit nunmehr 40 Jahren schlägt die General-Rafael-Urdaneta-Brücke ohne nennenswerte Zwischenfälle die infrastrukturell so wichtige Verbindung über den Maracaibo-See. Von Osten kommend, befahren Autofahrer zunächst einen 400 Meter langen Damm, an den sich eine gut 5 Kilometer lange Rampenbrücke anschließt, die zur Schrägseilbrücke und damit dem Herzstück der 8678 Meter langen Konstruktion ansteigt. Insbesondere bei Sonnenuntergang ist die „Auffahrt" ein ganz besonderes Erlebnis, denn dann zeichnen sich die hoch aufragenden Pylonen im Gegenlicht ab und verleihen der Brücke ein ganz besonders majestätisches Aussehen. Sind die fünf Hauptöffnungen passiert, führt die mit 1,5 Kilometern Länge vergleichsweise kurze Rampenbrücke hinab an das westliche Ufer des Maracaibo-Sees und damit mitten hinein in das pulsierende Leben der Millionenmetropole Maracaibo.

Bevor Autofahrer mit dem Schrägseilbrückensegment das Herzstück der General-Rafael-Urdaneta-Brücke erreichen, befahren sie Rampenbrücken von 5 bzw. 1,5 Kilometern Länge.

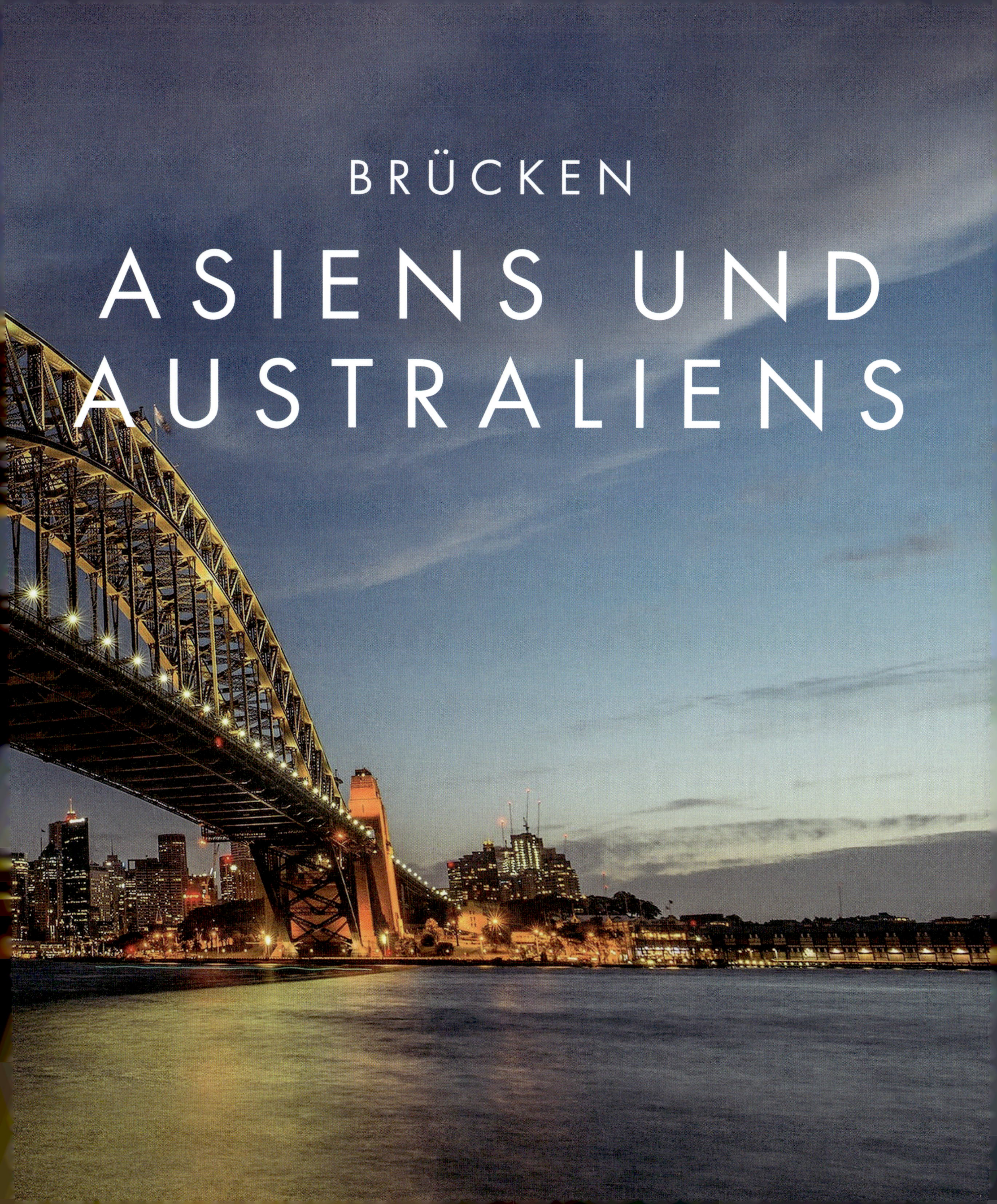
BRÜCKEN
ASIENS UND
AUSTRALIENS

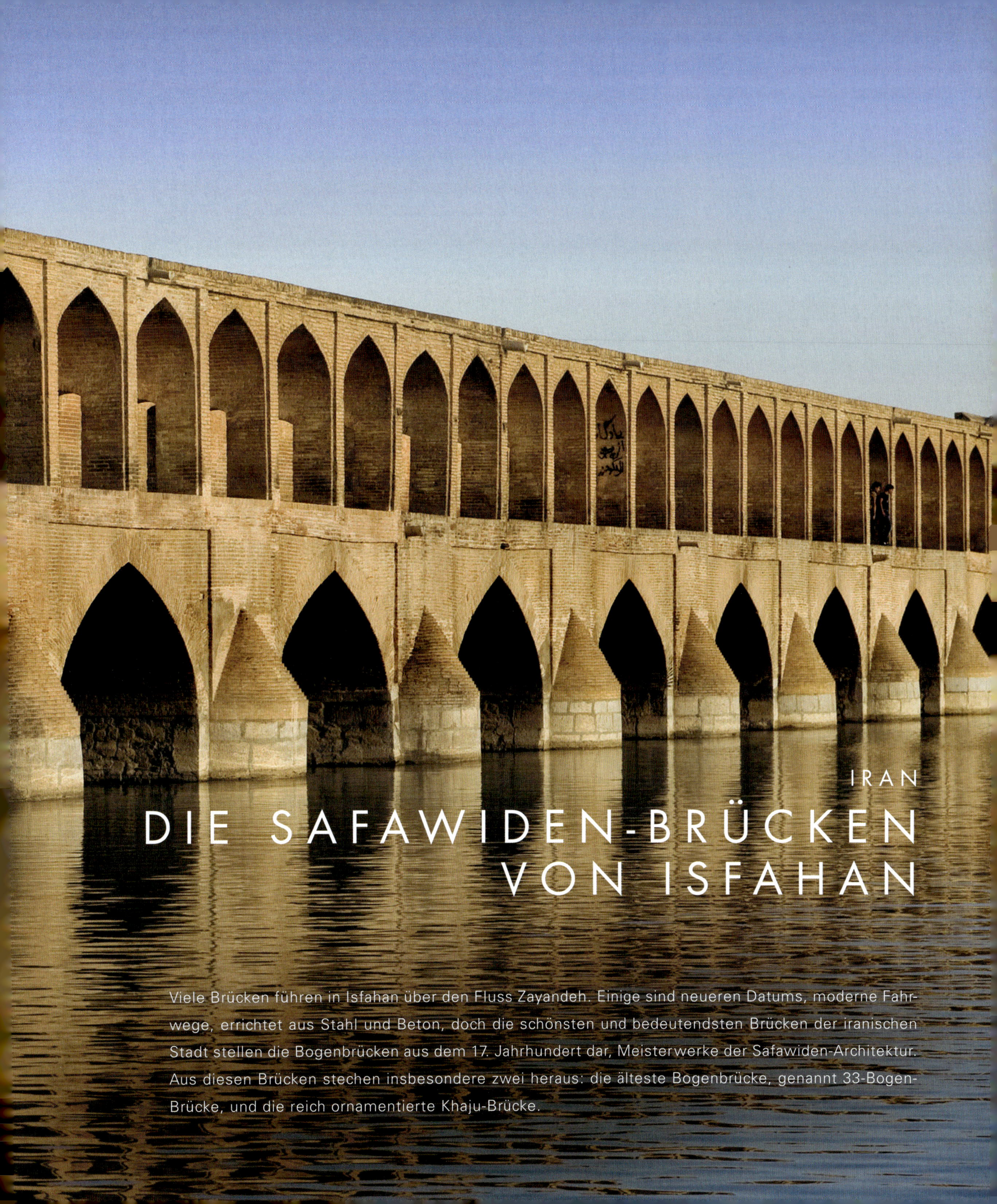

IRAN

DIE SAFAWIDEN-BRÜCKEN VON ISFAHAN

Viele Brücken führen in Isfahan über den Fluss Zayandeh. Einige sind neueren Datums, moderne Fahrwege, errichtet aus Stahl und Beton, doch die schönsten und bedeutendsten Brücken der iranischen Stadt stellen die Bogenbrücken aus dem 17. Jahrhundert dar, Meisterwerke der Safawiden-Architektur. Aus diesen Brücken stechen insbesondere zwei heraus: die älteste Bogenbrücke, genannt 33-Bogen-Brücke, und die reich ornamentierte Khaju-Brücke.

33-BOGEN-BRÜCKE

DATEN & FAKTEN

(persisch: Si-o-se Pol oder auch Allah-Verdi-Khan-Brücke)

Verbindung	führen über den Zayandeh Rud in Isfahan
Fertigstellung	um 1600
Konstruktionsart	Bogenbrücke
Material	Ziegel und Stein
Länge	290 Meter
Verkehrsart	Fußgängerbrücke

Die 33-Bogen-Brücke ist ein Ziegelbau auf Steinpfeilern und gilt als Meisterwerk der Safawiden-Zeit.

Die Regierungszeit der persischen Safawiden-Dynastie vom 16. bis zum frühen 18. Jahrhundert war eine Zeit der kulturellen Blüte des Reiches. Es sind insbesondere die sogenannten dienenden Künste, die in jener Epoche immer neue Höhepunkte erreichen: etwa die Keramik- und hier vornehmlich die Fliesenherstellung und -malerei, die Miniaturmalerei und die Kalligrafie sowie die Architektur, die durch ihre Verfeinerung und besondere Grazie ins Auge fällt. So sind auch die Brücken von Isfahan – der Hauptwirkstätte der Safawiden – weniger technische denn künstlerische Meisterwerke. Und doch sind sie auch technisch interessant, denn sie erfüllen gleich mehrere Funktionen: Sie sind Brücke, also Verkehrsweg, dienen im Fall der Khaju-Brücke auch als Wehr beziehungsweise Damm und galten von jeher zudem als Ort der Erholung und Geselligkeit.

KHAJU-BRÜCKE

DATEN & FAKTEN

(persisch: Pol-e Chādschu)

Errichtet	um 1650
Konstruktionsart	Bogenbrücke
Material	Ziegel und Stein
Länge	128 Meter
Verkehrsart	Fußgängerbrücke
Besonderheiten	Die Khaju-Brücke ist teils Brücke, teils Damm.

DIE 33-BOGEN-BRÜCKE

Auf zwei Ebenen überspannt die älteste Safawiden-Brücke den Fluss Isfahan. Schah Abbas I., der Große, ließ sie aus Ziegeln auf einem Steinfundament als Brücke für Fußgänger und Fuhrwerke errichten, doch die Fahrspur ist heute gesperrt. In 33 relativ flachen und breiten Spitzbogen, sogenannten Tudorbogen, umspannt das Untergeschoss den Fluss, darüber wölben sich im zweiten Stock beidseits der in der Mitte liegenden Fahrspur Arkadengänge, die den Fußgängern Schutz vor der brennenden Sonne bieten. Nach außen hin zeigen diese Arkaden auf beiden Seiten der Brücke jeweils mehr als doppelt so viele, aber schmalere Tudorbogen wie im Untergeschoss. Wie zu Zeiten des Schahs dient die Brücke noch heute als Ort der Erholung, in dessen Gewölben Teehäuser Tee und Wasserpfeifen anbieten.

Reich ornamentiert zeigt sich nicht nur der mittig gelegene, achteckige Vorbau der Khaju-Brücke.

KHAJU-BRÜCKE

Auf den ersten Blick ähnelt die Khaju-Brücke der 33-Bogen-Brücke. Auch sie ist eine doppelgeschossige Ziegelbrücke, deren untere breite Tudorbogen auf einem Steinfundament liegen und in der Regel von Wasser durchflossen sind, während die oberen schmaleren Tudorbogen Fußgängerarkaden bilden, die wiederum die einstige Fahrspur umschließen. Auf den zweiten Blick aber fallen Unterschiede auf: Zum einen zeigt die um 1650 unter Schah Abbas II. erbaute Brücke in ihrer Mitte einen achteckigen Vorbau, der eine Aussichtsplattform beherbergt, zum anderen sind die Bogen und Gewölbe – vor allem in diesem „Brückenturm" – reich ornamentiert. Darüber hinaus erfüllt die Khaju-Brücke eine weitere Funktion am Zayandeh Rud: In die Bogen wurden Schleusentore eingelassen, die bei Trockenheit geschlossen werden können und den Fluss aufstauen, sodass für die herrlichen, oberhalb der Brücke am Flussufer liegenden Gärten Wasser zur Verfügung steht.

INDIEN

HOWRAH BRIDGE

Sie gilt als eine der meistbenutzten Brücken der Welt. Täglich überqueren mehr als ein Lakh an Fahrzeugen, das sind über 100 000, und sogar zwischen fünf und zehn Lakh Fußgänger, also über 500 000, mithilfe der Howrah-Brücke den Hugli. Sie pendeln damit von Kalkutta ins benachbarte Howrah (und andersrum), das sich im Laufe der Jahre von einer Kleinstadt zum Industrie- und Hafensatelliten Kalkuttas, der „Stadt der Freude", entwickelt hat. Howrah ist einer der wichtigsten Arbeitsorte für die benachbarte Hauptstadt Westbengalens und einstige Hauptstadt Britisch-Indiens und die Brücke damit einer der bedeutsamsten Verkehrswege der Stadt.

Die Howrah-Brücke ist ein Relikt des sterbenden Kolonialreichs Britisch-Indien und zeigt auch ein wenig die Fortschritte, die die Unabhängigkeitsbewegung Indiens bereits zu Beginn der Bauphase der Howrah-Brücke gemacht hat. Noch liegen Entwurf und Planung der Brücke über den Hugli ganz in der Hand englischer Unternehmen, doch die Bauteile der Brücke werden mit Ausnahme einiger komplizierter Teile, die in England produziert werden und per Schiff nach Bengalen gelangen, bereits in indischen Stahlwerken gefertigt. Doch die Brücke blieb lange Symbol des britischen Imperialismus. Rudyard Kipling schrieb beispielsweise über sie: „Why, this is London! This is the docks. This is Imperial. This is worth coming across India to see!"

DATEN & FAKTEN

Offizieller Name	Rabindra Setu, sie wird aber auch auch Hugli-Brücke (engl. Hooghly Bridge) genannt
Lage	Westbengalen, Indien
Verbindung	überspannt den Hugli zwischen den Städten Howrah (bengalisch Hoara) und Kalkutta
Entwurf	Rendell Palmer & Tritton
Ausführung	Cleveland Bridge & Engineering Co.
Bauphase	1937–1943
Konstruktionsart	Ausleger-Fachwerkbrücke
Material	Stahl
Länge	705 Meter
Höhe der Türme	85 Meter
max. Spannweite	457 Meter
Verkehrsart	Kraftfahrzeug- und Fußgängerbrücke

26 500 Tonnen Stahl wurden in der gewaltigen Fachwerkkonstruktion, die von zwei mächtigen Pfeilerpaaren getragen wird, verbaut.

26 500 TONNEN STAHL FÜR WACHSTUM UND ENTWICKLUNG

Für die Region Kalkutta und Howrah bedeutete die Brücke vor allem wirtschaftlichen Aufschwung. Eine hölzerne Pontonbrücke hatte den Hugli zuvor gequert, doch sie konnte die Menschenmengen, die täglich über den Fluss wechselten, kaum mehr aufnehmen. Drei Jahre nach Eröffnung des neuen stählernen Bauwerks zeigte eine erste Verkehrszählung, wie notwendig der Bau gewesen war: 27 500 Fahrzeuge, 120 000 Fußgänger und 3000 Kühe überquerten den Hugli täglich, eine Zahl, die sich bis heute vervielfacht hat und das Bauwerk an die Grenzen seiner Kapazität bringt, weshalb im Jahr 1992 die zweite Hugli-Brücke zwischen Kalkutta und Howrah eröffnet wurde. Doch die Vidyasagar Setu, eine zweihüftige Schrägseilkonstruktion und reine Kraftfahrzeugbrücke, ist mautpflichtig – und trägt daher kaum zur Entlastung der Rabindra Setu bei. Das verursacht mittlerweile erheblichen Schaden an der in die Jahre gekommenen Brücke. Doch es sind erstaunlicherweise nicht die Abgase der querenden Kraftfahrzeuge, die starke Korrosionsschäden am Stahl der Brücke verursachen, es ist einerseits Vogelkot und andererseits menschliche Spucke. Untersuchungen haben im Jahr 2011 ergeben, dass sich der einst 6 Millimeter dicke Stahl des Pfeilerfachwerks entlang der Fahrbahn durch den säurehaltigen menschlichen Speichel in den 70 Jahren seit Eröffnung der Brücke auf etwa 3 Millimeter reduziert hat. Die Pfeiler wurden mittlerweile in Menschenhöhe durch Bleche geschützt.

CHINA

LUPU-BRÜCKE

„Hinaus aufs Meer" – das ist die wörtliche Übersetzung von Shanghai, die wie keine andere Stadt Chinas für Modernität und Wohlstand steht. Der Name wird der 23-Millionen-Einwohner-Metropole in vielerlei Hinsicht gerecht: In keinem anderen Hafen der Welt werden mehr Container und Waren gelöscht und „hinaus aufs Meer" geschickt als in Shanghai. Und das sind nicht die einzigen Superlative der Stadt in Verbindung mit Wasser: Über die Flüsse Yangtse und Huangpu, die beide durch das Stadtgebiet verlaufen, führen spektakuläre Brücken, die weltweit neue Maßstäbe setzten.

Die Anzahl der Tunnel und Brücken, die sich in dem wasserreichen Stadtgebiet von Shanghai befinden, ist ebenso überwältigend wie verwirrend. Hinzu kommen jene gigantischen Bauprojekte, dank derer die pulsierende Handelsstadt mit umliegenden Inseln und Regionen verbunden wird, allen voran die 32,5 Kilometer lange Donghai Daqiao, die den Brückenschlag zum südöstlich auf einer Insel angelegten Tiefseehafen Yangshan herstellt, oder die Shanghai Changjiang Daqiao – ein über 16 Kilometer langes Brücken-Tunnel-System, das die Flussmündung des Jangtsekiang über- bzw. unterquert.

Im Stadtkern hingegen sind es vor allem zwei, in einem Abstand von rund 3 Kilometern über den Huangpu-Fluss führende Brücken, die dank ihrer Imposanz und Formgebung

Die 2003 fertiggestellte Lupu-Brücke vereint technische und ästhetische Ansprüche auf höchstem Niveau.

DATEN & FAKTEN

Standort	überspannt den Huangpu in Shanghai, China
Bauphase	2000–2003
Konstruktionsart	Bogenbrücke
Gesamtlänge	3900 Meter
lichte Höhe	50 Meter
max. Höhe	100 Meter
max. Spannweite	550 Meter
Verkehrsart	Kraftfahrzeug- und Fußgängerbrücke
Besonderheiten	Treppen und Fahrstühle führen auf den höchsten Punkt des Brückenbogens mit einer Aussichtsplattform.

die Blicke auf sich ziehen: die Nanpu-Brücke mit einer maximalen Spannweite von 432 Metern, die insbesondere durch ihre spiralförmigen Auffahrtsrampen besticht, und die Lupu-Brücke. Mit der Fertigstellung der „Lupu Daqiao" im Jahre 2003 wurde ein neues Kapitel im Brückenbau aufgeschlagen: Über 25 Jahre lang hielt die New River Gorge Bridge in West Virginia mit einer Spannweite von 518 Metern den Rekord, längste Bogenbrücke der Welt zu sein. Nun übertraf die Lupu-Brücke diesen Rekord um 32 Meter – um sechs Jahre später den Titel an die Chaotianmen-Yangtse-Brücke mit 552 Metern zu verlieren.

FORMVOLLENDETE BOGENFÜHRUNG IN STRAHLENDEM WEISS

Dass sich in der Lupu-Brücke von Shanghai technische und ästhetische Ansprüche auf höchstem Niveau vereinen würden, ließ sich bereits zu Beginn der Bauarbeiten erahnen. Alles begann mit der Errichtung zweier mächtiger Hilfspylonen an den Ufern des Huangpu. Sodann wurde im Freivorbauverfahren von beiden Seiten aus der Bogen errichtet, wobei von den Stützpylonen ausgehende Schrägseile die ganze Konstruktion stabilisierten. Die vorgefertigten Brückenelemente wurden mit Lastschiffen transportiert und mittels beweglicher Kräne in Position gehoben – ein beeindruckendes Verfahren, das über Monate hinweg unzählige Zuschauer an beide Uferseiten lockte. Mit der erfolgreichen Zusammenführung der Bogenhälften auf einer schwindelerregenden Höhe von 100 Metern konnten sowohl die Hilfsabspannung als auch die Stütztürme beseitigt werden.

Treppen und Aufzüge führen zum in gut 100 Metern Höhe gelegenen Brückenscheitel, von dem aus sich ein spektakulärer Blick auf die quirlige Metropole bietet.

Der in weißer Farbe erstrahlende Gesamtbogen setzt sich aus zwei Stahlbogen zusammen, die durch 27 Querriegel miteinander verbunden sind. Einen besonderen optischen Effekt erzielt die Konstruktion dadurch, dass sich beide Bogen in der Vertikalen zueinander neigen, sodass der Abstand im Scheitelbereich um ein Vielfaches geringer ist als am Ausgangspunkt. Beide Bogenhälften, für deren Anstrich viele Hundert Tonnen Lack nötig sind, dienen als Aufhängung für die 28,7 Meter breite Fahrbahn. Drei Fahrspuren führen in jede Richtung, hinzu kommen schmale Fußgängerwege auf beiden Seiten.

Als nach der dreijährigen Bauzeit die Lupu-Brücke im Juni 2003 für den Verkehr freigegeben wurde, konnte Shanghai der Weltöffentlichkeit eine Brücke präsentieren, mit der die Vorreiterrolle im Bereich aufsehenerregender Infrastrukturmaßnahmen weiterhin untermauert wurde. Bei aller Begeisterung im Hinblick auf die Formgebung der Brücke gab es jedoch

auch kritische Stimmen: Rund 320 Millionen Euro hatte der Bau verschlungen, und viele sahen darin eine unnötige Verschwendung öffentlicher Gelder. Man warf der Stadt vor, allein aus Prestige- und Repräsentationsgründen den Bau der weltweit größten Bogenbrücke bewilligt zu haben, während der Brückenschlag mit einer anderen Konstruktionsart weitaus kostensparender zu realisieren gewesen wäre. Tatsache ist: Mit der Lupu-Brücke wurde ein weiterer Meilenstein in der Gesamtgestaltung einer Stadt gesetzt, die als eine der quirligsten und aufregendsten der Welt gilt. Dafür sorgen nicht zuletzt gigantische Bauprojekte, zu denen die Lupu-Brücke ohne jeden Zweifel gezählt werden darf. Dass der weiße Bogen über den Huangpu längst zu einem Touristenmagnet geworden ist, ist auch einer besonderen Finesse der Brückenkonstruktion geschuldet, denn beide Brückenbogen können bis zum Scheitelpunkt über Stufen erklommen oder mit einem Aufzug erreicht werden. 100 Höhenmeter über dem Fluss kann von der Aussichtsplattform aus der Blick über die Stadt mit ihren zahlreichen Wasseradern schweifen oder hinunter auf die sechsspurige Fahrbahn, wo der unablässige Verkehr die Ruhelosigkeit Shanghais widerspiegelt, das als hochmoderne Boomtown Chinas immer wieder neue Akzente setzt.

JAPAN

KINTAI-KYO

Keine andere Brücke Japans ist derart mit der Geschichte der Samurai verbunden wie die Kintai-kyo-Brücke, die in der südwestlich von Hiroshima gelegenen Stadt Iwakuni den Nishiki überspannt. 1673 errichtet, um eine stabile und dauerhafte Lösung zur Überquerung des für seine Hochwasser bekannten Flusses zu gewährleisten, war die Benutzung der unverwechselbaren Bogenbrücke bis weit ins 19. Jahrhundert hinein allein Samurai vorbehalten, jenem legendären Kriegeradel, der sich im Umfeld der einstigen Festung von Iwakuni niedergelassen hatte.

DATEN & FAKTEN

Standort	überspannt den Nishiki-Fluss in Iwakuni, Präfektur Yamaguchi
Bauphase	1673, nach der Zerstörung 1950 Wiederaufbau innerhalb von drei Jahren
Konstruktionsart	Bogenbrücke
Material	Holzbogen und Steinpfeiler
Länge	193 Meter
max. Höhe	13 Meter
max. Spannweite	35,1 Meter
Verkehrsart	Fußgängerbrücke

Auf steinernen Fundamenten ruhend, sind die Brückenbogen vollständig aus Holz gefertigt, ohne die Verwendung von Nägeln!

Im Jahr 1603 ließ Hiroie Kikkawa, der erste Fürst (Daimyō) von Iwakuni, im Mündungsbereich des Nishiki eine Burg errichten. Sie sollte nur wenige Jahre Bestand haben, denn die Tokugawa-Shogune, die zu dieser Zeit die Macht übernahmen und Japan mehr als 250 Jahre regierten, verfügten den Abriss der Festung, um ihren eigenen Machtanspruch nicht zu gefährden. Die wenigen Jahre des Bestehens der Burg reichten jedoch aus, damit Iwakuni eine kulturelle und ökonomische Blüte erlebte. Rund um die Burg errichteten Samurai ihre Häuser, während die andere Uferseite zum Siedlungsgebiet für Händler, Handwerker und einfache Krieger wurde. Doch in den folgenden Jahrzehnten verwischte sich die strikte Trennung zwischen den Vierteln der Samurai auf der einen und den einfachen Leuten auf der anderen Flussseite zunehmend. Aus Platzmangel sahen sich immer mehr Samurai gezwungen, ihre Häuser am südlichen Uferbereich zu errichten. Der Bedarf einer verbindenden Brücke wurde dadurch immer dringender, denn für die Verteidigung der Kernstadt war die schnelle Überquerung des Nishiki unumgänglich. Ein provisorischer Holzsteg wurde bei einer Flut im Jahre 1640 zerstört, sodass die Kämpfer auf den Einsatz von Booten angewiesen waren, die jedoch bei starkem Hochwasser den Fluss nicht sicher befahren konnten.

1673 wurde deshalb die Kintai-kyo-Brücke errichtet, zu Deutsch: Brokatgürtel-Brücke. Der Name könnte eine Reminiszenz an die Gürtel der Kimono, Obi genannt, sein. Dieses bis zu 4 Meter lange und meist außerordentlich aufwendig geschmückte Kleidungsstück übertrifft den Kimono meist deutlich an Pracht und Eleganz – so wie die Kintai-kyo-Brücke neue ästhetische und technische Maßstäbe im Brückenbau setzte. Baumeister – und damaliger Herrscher über die Iwakuni-Region – war Kikkawa Hiroyoshi, der in der Stadt mit einem Denkmal geehrt wird. Sein Entwurf einer mit fünf

elegant geschwungenen Holzbogen ausgestatteten Brücke wurde exakt in dieser Weise umgesetzt, und zwar – und dies ist eines der faszinierendsten Merkmale der Brücke – ohne auch nur einen einzigen Nagel zu verwenden. Um den Bau der Brücke täglich verfolgen zu können, verzichtete Kikkawa Hiroyoshi vorübergehend auf den gewohnten Komfort seiner Residenz und bezog stattdessen ein Haus am Ufer des Flusses. Von hier aus konnte er jeden einzelnen Arbeitsschritt des Brückenschlags kontrollieren. Am 1. Oktober 1673 wurden die Arbeiten abgeschlossen. Mit Stolz konnte Hiroyoshi auf sein Werk blicken, das sich als eine einzigartige Komposition aus vier mit Granitsteinen geschmückten Pieren erweist, die fünf Holzbogen mit einer Gesamtlänge von 193 Metern tragen. Die hölzernen Bogenrippen, das Geländer und die Planken bestehen aus Japanischer Zypresse und Rotkiefer, und jeder Bogen wird an seiner Unterseite durch v- und kreuzförmig angeordnete Holzelemente verstärkt.

Bereits ein halbes Jahr nach ihrer Fertigstellung musste die Bogenbrücke den ersten Härtetest während einer starken Flut bestehen. Obwohl zwei Holzpfähle zerstört wurden, war die Stabilität der Brücke zu keiner Zeit gefährdet. Eine sorgfältige Wartung und Instandhaltung aller Brückenelemente – das Deck und das Geländer werden im Schnitt alle 15 bis 20 Jahre, die übrigen Holzelemente ca. alle 35 bis 40 Jahre zumindest partiell erneuert – sorgt für den Erhalt des außergewöhnlichen Bauwerks und die Sicherheit der Fußgänger, die diese Brücke allein benutzen dürfen. Doch bis ins 19. Jahrhundert war die Gruppe der Fußgänger klar definiert und eingeschränkt: Allein den Samurai war die Überquerung des Flusses auf der fünfbogigen Brücke gestattet. Alle anderen mussten weiterhin auf Boote zurückgreifen. Erst mit dem Ende der Edo-Zeit, das durch die Landung amerikanischer Kriegsschiffe 1853 in der Bucht von Edo – dem heutigen Tokio – eingeläutet wurde, wurde dieses Privileg aufgehoben. Über 260 Jahre lang hatte die strikte Einteilung der Bevölkerung in vier Klassen den Samurai, die alleine das Recht zum Tragen von Waffen besaßen, ungeheure Vorrechte und Macht beschert. Nun, mit der Zwangsöffnung des Landes, wurde ein neues Kapitel aufgeschlagen: Die Samurai verloren an Status, was sie nicht kampflos hinnahmen, sondern 1876 mit einem letzten großen Aufstand beantworteten. Unter der Führung von Saigo Takamori kämpften 25 000 Samurai mit Schwert und Bogen gegen die gut ausgerüsteten Soldaten der neuen Regierung. Viele starben; der verwundete Anführer der Samurai beging rituellen Selbstmord. Seit dem Ende der Edo-Zeit und der sich anschließenden Meiji-Restauration ist die Kintai-kyo-Brücke für jeden zugänglich. Heute zahlen Fußgänger eine kleine Gebühr für die Benutzung des schönen Bauwerks.

Nach der Flutzerstörung des Jahres 1950 wurde die Brücke weitestgehend nach den ursprünglichen Bauplänen von 1673 wiederaufgebaut.

Jahrhundertelang hielt die Kintai-kyo-Brücke Hochwassern und Stürmen stand, bis sie in den gewaltigen Fluten, die der Taifun Kezia im Spätsommer 1950 auslöste, nahezu vollständig zerstört wurde. Allein die Fundamente blieben intakt. Bis 1953 erfolgte mit Kosten in Höhe von 120 Millionen Yen der Wiederaufbau der berühmten Brücke, die seitdem in regelmäßigen Abständen einer genauen Inspektion und Belastungsprobe unterworfen wird. Abgesehen von zwei Optimierungen – dem Einsatz von Stahlbeton-Caissons, die im Bereich der vier Piere auf den Grund des Flusses abgesenkt wurden, und der chemischen Behandlung mancher Hölzer – befindet sich die Brücke heute im Originalzustand von 1673. Längst ist das einzigartige Bauwerk zu einer wichtigen Touristenattraktion in der Region geworden, die Jahr für Jahr viele Tausend Besucher anlockt, die insbesondere zur Kirschblüte hier ein unvergleichlich schönes Postkartenmotiv vorfinden.

JAPAN

HONSHŪ-SHIKOKU-BRÜCKENPROJEKT

Honshū ist die zentrale und größte Insel Japans. Auf ihrer östlichen, von Asien abgewandten Seite liegt in der von kleinen Inselchen gesprenkelten Seto-Inlandsee Shikoku, die kleinste der japanischen Hauptinseln. Bis 1988 war das malerische Shikoku mit seiner Pilgerroute zu 88 heiligen Stätten nur per Fähre zu erreichen. Erste Überlegungen zur Überbrückung der Seto-Inlandsee kamen bereits 1889 auf, doch erst im Jahre 1955 begann man mit den konkreten Planungen des Honshū-Shikoku-Brückenprojektes, das heute mit einer Gesamtlänge von 142 Kilometern weltweit einzigartig ist.

DATEN & FAKTEN

Offizieller Name	Honshū-Shikoku renrakukyō
Streckenverbindung	Seto–Ōhashi, Kōbe–Awaji–Naruto, Nishiseto-Autobahn
Standort	verbindet mit insgesamt 21 Brücken und Viadukten an drei Punkten die japanischen Hauptinseln Honshū und Shikoku
Bauphase	1968–1999
Konstruktionsarten	Kombination aus Hänge-, Schrägseil-, Stahlfachwerk-, Stahlbogen-, Hohlkastenbrücken und Viadukten
Verkehrsart	Kraftfahrzeug- und Eisenbahnbrücken

Beflügelt vom rasanten Wirtschaftswachstum Japans ab den 1960er-Jahren nahm mit zahlreichen Konferenzen, wissenschaftlichen Untersuchungen und Diskussionen die Idee sicherer Verbindungen zwischen den japanischen Inseln Honshū und Shikoku für die Eisenbahn und den rasch zunehmenden Individualverkehr immer konkretere Formen an. Schon 1968 wurde der erste, noch bescheidene Griff über das Meer getan: Mit einer kleinen Schrägseilbrücke schuf man am westlichsten Punkt die Verbindung zwischen Onomichi und Imabari. Zu diesem Zeitpunkt hätte sicherlich jeder Bewohner Japans freundlich, aber ungläubig gelächelt, wenn jemand prophezeit hätte, dass in den nächsten Jahrzehnten 296 000 Kilometer Stahlseile (die siebenmal um die Erde reichen würden) und 3 646 000 Kubikmeter Beton zum Einsatz kommen würden, um die beiden Inseln an drei Punkten miteinander zu verbinden – allen Hindernissen wie Erdbebenrisiko, Gezeitenstrudeln und Verwerfungen des Meeresbodens zum Trotz.

1978: START FREI FÜR DAS GIGANTISCHE BRÜCKENPROJEKT

Bereits 1970 zeigte die japanische Regierung, wie wichtig ihr die Verbesserung der Verkehrsinfrastruktur zwischen den Hauptinseln war: Sie gründete eine eigene Behörde für den Bau und die Instandhaltung der zukünftigen Brückenverbindungen. Mit diesem staatlichen Rückenwind sowie großzügig freigesetzten Geldmitteln hätte der Bau der ersten Verbindung – über die heute die Nishiseto-Autobahn führt – eigentlich rasant fortschreiten müssen. Doch die erste Ölkrise von 1973 bremste das Projekt unvermittelt aus. Automobilität und damit der Bau von Autobahnen wurden weltweit, so auch in Japan, kritisch hinterfragt und viele Projekte auf Eis gelegt.

Erst 1978 ging es weiter: Eine Umweltanalyse mit guten Ergebnissen setzte den Bauprozess wieder in Gang. Das Honshū-Shikoku-Projekt erreichte jetzt neue Dimensionen. Zu Spitzenzeiten arbeiteten mehr als 2000 Firmen auf den zahlreichen Baustellen. Neben Binnenmeer-Querungen an der westlichen und östlichen Spitze sollte auch im Zentrum der Insel eine Direktverbindung entstehen. Und obwohl diese mittlere Strecke als letzte begonnen wurde, konnte sie als erste fertiggestellt werden.

Die Seto-Ōhashi-Brücke. Oben fahren Kraftfahrzeuge, im unteren Bereich, dem Eisenbahndeck, verkehren Züge.

IM ZENTRUM: DIE SETO-ŌHASHI-VERBINDUNG

Die Seto-Ōhashi-Verbindung ist die kürzeste und direkteste Route von Kijima nach Sakaide. Innerhalb von zehn Jahren wurde eine über 13 Kilometer lange Verbindung geschaffen, bestehend aus drei Hänge- und zwei Schrägseilbrücken, einer Stahlfachwerkbrücke, drei Viadukten und einer Hochstraße. „Ankerpunkte" bei diesem Bauprojekt, mit dem in Japan ein neues Zeitalter des Brückenbaus eingeläutet wurde, sind fünf hintereinanderliegende Shiwaku-Inseln. Brücken wie Viadukte sind über die komplette Länge zweigeschossig konstruiert, wobei das obere Deck dem Kraftfahrzeugverkehr vorbehalten ist, während auf dem unteren Deck Gleise verlaufen.

Angesichts der geringen Erfahrung im Hinblick auf groß dimensionierte Brückenprojekte erscheint es umso überraschender, dass man sich im ersten Schritt für den Bau der südlich gelegenen Zwillingshängebrücken Kita und Minami Bisan-Seto entschied, die sich mit maximalen Spannweiten von 990 und 1100 Metern technisch als durchaus anspruchsvoll erwiesen. An ihrem Verbindungspunkt sind die Zwillingsbrücken in einem 85 Meter hohen Betonblock verankert. Auf selber Höhe verläuft auch die obere Fahrbahn, an die sich unmittelbar darunter das in einem Stahlfachwerk geführte Schienendeck für Eisenbahnen anschließt. Die beeindruckende Höhe der Fahrbahnen ist ein Garant für den reibungslosen Ablauf des Schiffsverkehrs auf der Seto-Inlandsee.

Wenn man die Bisan-Seto-Zwillinge gen Süden verlässt, gelangt man über das knapp 3 Kilometer lange Bannosu-Viadukt endlich auf „festen" Boden. Strebt man jedoch gen Norden Richtung Honshū, so erreicht man über das 717 Meter lange Yoshima-Viadukt die gleichnamige Fachwerkbrücke. Hier hat man bereits das imposanteste Bauwerk der Strecke im Blick: die schrägseilverspannten Tragwerke der identischen Brücken von Hitsuishijima und Iwakurojima. Das Brückenpaar ist in seiner technischen Ausführung mit 420 Metern Spannweite in der Mitte und 185 Metern an beiden Seiten ebenso beeindruckend wie in seiner Architektur. Die 148 Meter hohen Pylonen sind nur mit einem einzigen Querbalken miteinander verbunden. Im oberen, spitz zulaufenden Teil der Pylonen befinden sich auf beiden Seiten jeweils elf Verankerungen für die Schrägseile, die von hier paarweise zum Fahrbahndeck führen. Manche sehen in dieser Konstruktion eine Reminiszenz an die traditionellen Helme der Samurai, andere fühlen sich an Schwäne mit geöffneten Flügeln erinnert. Von hier führt der Weg über das 1316 Meter lange Hitsuishijima-Viadukt auf die Shimotsui-Brücke mit einer Spannweite von 940 Metern.

Die Akashi-Kaikyō-Brücke gilt mit einer Mittelspannweite von 1991 Metern als die Brücke mit der größten Stützweite weltweit.

IM OSTEN: DIE KŌBE-NARUTO-STRECKE

1998 wurde der zweite Zweig des Honshū-Shikoku-Projektes feierlich eröffnet. Die Verbindung zwischen der Metropole Kōbe und der 60 000-Einwohner-Stadt Naruto besteht aus zwei Brücken, die über die vorgelagerte Insel Awaji und die Naruto-Meerenge führen. Besondere Herausforderung ist die hohe Gezeitenströmung, die mit spektakulären Meeresstrudeln eine lokale Attraktion darstellt. Die Kehrseite dieser Naturerscheinung ist eine starke Erosion des Meeresbodens, der – bestehend aus weichem Mergel und Sandstein – eine Tiefe von 80 Metern erreicht.

Die Tatara-Brücke ist ein Teilstück der 60 Kilometer langen Nishiseto-Autobahn, die Honshū und Shikoku miteinder verbindet.

Die erste der beiden Brücken verbindet Naruto mit der Insel Awaji und wurde 1985 fertiggestellt. Sie besitzt einen zweistöckigen Fachwerkträger und eine maximale Spannweite von 876 Metern. Es ist eine durchaus stattliche Erscheinung, die jedoch neben ihrem unvergleichlichen Gegenüber zur Zwergengröße schrumpft, denn auf der anderen Seite von Awaji erhebt sich die Hängebrücke mit der längsten Spannweite der Welt: die Akashi-Kaikyō-Brücke (siehe Kapitel Akashi-Kaikyō-Brücke). Ihre Stahlpylonen besitzen mit 297 Metern die Höhe des Eiffelturms, und aus einer Hauptspannweite von 1990 Metern entwickelt die Hängekonstruktion eine Gesamtlänge von 3911 Metern.

IM WESTEN: DIE NISHISETO-AUTOBAHN-VERBINDUNG

Mit der Realisierung der westlichen Anbindung wurde das Honshū-Shikoku-Projekt nicht nur technisch und räumlich vollendet – die Arbeiter kehrten auch wieder an den Ausgangspunkt des Projektes zurück. Um die 60 Kilometer lange, vierspurig angelegte Nishiseto-Autobahn zu errichten, bedurfte es insgesamt zehn großer Brücken: Auf die Shin-Onomichi-Brücke, die etwa 30 Meter parallel zur 1968 errichteten Onomichi-Brücke verläuft, folgt die 1339 Meter lange Innoshima-Brücke. Mit ihren Fachwerkträgern und durch kreuzende Diagonalen verbundenen Pylonen weist sie durchaus Ähnlichkeit mit der berühmten Akashi-Kaikyō-Brücke auf. Den Abschluss im Bereich des nördlichen Autobahnstücks bildet die Ikuchi-Schrägseilbrücke, die 1991 für den Verkehr freigegeben wurde.

Auftakt für den mittleren Teil ist die 1480 Meter lange Tatara-Brücke. Die überaus filigranen Pylonen, die sich 220 Meter gen Himmel strecken, sowie die harfenförmige Anordnung der Schrägseile erinnern an den Pont de Normandie. Überspannt das europäische Pendant die Seine auf mehr als 800 Metern, so ist es im Falle der Tatara-Brücke die gleichnamige Meerenge, die sich hier auf rund 1300 Meter Breite ausdehnt. Es folgen mit der Ohmishima-Brücke die einzige Bogenbrücke des zehnteiligen Ensembles sowie die zweiteilige Hakata-Oshima-Brücke.

Der furiose Abschluss erfolgt durch die drei Kurushima-Kaikyō-Brücken – eine Aneinanderreihung gigantischer Hängebrücken mit maximalen Spannweiten von 600, 1020 und 1030 Metern, die ein Gesamtkonstrukt von 4 Kilometern Länge ergeben. Sie komplettieren die westliche Anbindung des Honshū-Shikoku-Brückenprojekts, das sich durch eine umwerfende Vielfalt international konkurrenzfähiger und kreativer Brückenbauwerke auszeichnet.

JAPAN

AKASHI-KAIKYŌ-BRÜCKE

Die beiden Pylonen ragten bereits 297 Meter aus den Wassern der Akashi-Meerenge, als am 17. Januar 1995 um 5 Uhr 46 Minuten für 20 Sekunden die Erde bebte. Das Epizentrum des Kōbe-Bebens lag 20 Kilometer von dessen Stadtzentrum entfernt inmitten der Meerenge und in einer Tiefe von 16 Kilometern, und das Beben erreichte eine Stärke von 7,3 auf der örtlichen Magnituden-Skala. Mehr als 6000 Menschen starben durch das Beben, rund 26 000 wurden verletzt, und 300 000 Einwohner Kōbes verloren das Dach über dem Kopf. Die Millionenmetropole lag mit mehr als 61 000 völlig zerstörten und einer Vielzahl stark beschädigter Gebäude in Schutt und Asche. Und die Brückenpylonen nahe dem Epizentrum des Bebens? Sie ragten unbeschädigt aus dem Meerwasser, allerdings hatten sie sich um 80 Zentimeter auseinandergeschoben, sodass die heutige maximale Spannweite nicht wie geplant 1990 Meter, sondern 1990,8 Meter beträgt.

Einer modernen Legende nach fürchteten die Konstrukteure der Akashi-Kaikyō-Brücke, eine Brücke mit einer Spannweite von 2 Kilometern könnte die Götter gegen sie aufbringen. So opferten sie 10 Meter und konstruierten eine Spannweite von „nur" 1990 Metern. Als Dank der Götter blieben nicht nur die Pylonen trotz des verheerenden Bebens erhalten, sie bekamen auch beinahe 1 Meter geschenkt.

Tatsächlich aber ist die große Spannweite der Brücke wohl eher aus der Not geboren: Die Meerenge ist eine vielbefahrene Wasserstraße, und das Risiko des Zusammenstoßes eines Schiffs mit einem Pylonen wird umso höher, je mehr Mittelunterstützungen vorhanden sind. Zudem ließ die enorme Wassertiefe der Wasserstraße von bis zu 110 Metern nicht an jeder Stelle der Meerenge eine Gründung zu.

DATEN & FAKTEN

Japanischer Name	Akashi-kaikyō ōhashi; auch als Pearl Bridge bezeichnet
Lage	zwischen Honshū und Awaji-shima
Verbindung	über die Meerenge von Akashi zwischen der Stadt Kōbe auf der japanischen Hauptinsel Honshū und der Stadt Awaji auf der Nachbarinsel Awaji-shima
Ausführung	Honshū-Shikoku Brückenbauamt
Bauphase	1988–1998
Konstruktionsart	Hängebrücke
Material	Stahl und Beton
Länge	3911 Meter
Höhe der Pylonen	282,8 Meter über dem Meeresspiegel
max. Spannweite	1991 Meter
Verkehrsart	Kraftfahrzeugbrücke
Besonderheiten	Seit ihrer Eröffnung hält die Akashi-Kaikyō-Brücke den Rekord der längsten freien Spannweite der Welt.

SCHWIERIGE VORAUSSETZUNGEN

Alles an der Akashi-Kaikyō-Brücke hat enorme Ausmaße, das betrifft längst nicht nur die nach wie vor weltgrößte Spannweite. Und in jeder Weise sind die Voraussetzungen zum Brückenbau über die Meerenge äußerst schwierig. Die Gründung etwa musste in einer Wassertiefe von etwa 60 Metern errichtet werden. Dazu wurden ungeheure Stahl-Caissons mit einem Durchmesser von 80 Metern und einer Höhe von 67 Metern vorgefertigt und im Meer versenkt. Die Caissons tragen die stählernen Pylonen, über die wiederum die 1,12 Meter dicken Kabel geführt werden. Sie bestehen aus 290 Litzen zu je 127 speziell entwickelten hochfesten Einzeldrähten. Die Länge jedes Kabels beträgt 4,1 Kilometer; würde man sie einzeln aufziehen, könnten sie die Erde mehr als siebenmal umspannen. Die Kabel wurden verlegt, indem zunächst ein leichtes Kunststoffseil per Hubschrauber von einem Brückenkopf zum nächsten geflogen wurde und die Kabellitzen mit dessen Hilfe aufgezogen wurden.

Die Kabel tragen einen 14 Meter hohen, stählernen Fachwerkträger, über den die Fahrbahn verläuft. Für die Brücke wurden insgesamt 181 000 Tonnen Stahl und 1,4 Millionen Kubikmeter Beton verbaut.

Mit diesen Dimensionen und Materialmengen muss die Brücke allerdings auch einer rauen Natur trotzen und einer ganzen Reihe von Gefahren widerstehen. Seit dem Erdbeben von Kōbe ist bekannt, dass die von Awaji-shima quer durch die Wasserstraße bis zum Rokko-Berg im Nordosten Kōbes verlaufende Nojima-Verwerfung geologisch nicht so harmlos ist wie jahrhundertelang angenommen. Mit weiteren Erdbeben muss also gerechnet werden, und so soll eine Erdbebenfestigkeit bis 8,5 auf der Richterskala beispielsweise durch den Einbau von Massendämpfern gesichert sein. Diese sollen auch die Vibrationen während Taifunen, den „göttlichen Winden", die in der Meerenge mit Windgeschwindigkeiten von bis zu 290 Stundenkilometer einhergehen können, entgegenwirken. Hinzu kommen die gigantischen Regengüsse, die in Folge von Taifunen meist auftreten. Schließlich mussten die Fundamente so berechnet werden, dass sie den ungeheuren Meeresströmungen der Passage standhalten.

TEIL DER VERBINDUNG KŌBE-AWAJI-NARUTO

Obwohl in ihren ganzen Ausmaßen beeindruckend, kann die Akashi-Kaikyō-Brücke kaum für sich allein betrachtet werden. Die Überbrückung der Akashi-Meerenge ist nur ein Teil der Verbindung, die die größte Hauptinsel Japans, Honshū, über das verhältnismäßig kleine Inselchen Awaji mit der kleinsten der vier Hauptinseln, Shikoku, verbindet. Es muss also eine weitere Brücke über das Seto-Binnenmeer geben, um die Verbindung zu vervollständigen. Es ist die Naruto-Brücke, eine bereits 1985 eröffnete zweistöckige Hängebrücke, die Japans ersten Nationalpark quert. Sie hat eine Hauptspannweite von 876 Metern bei einer Pylonhöhe von 144 Metern.

Was einst als kombinierte Brücke für Kraftfahrzeuge, Fußgänger und, in der unteren Ebene, die Eisenbahn ersonnen war, ist mittlerweile auf der oberen Ebene allein den Kraftfahrzeugen vorbehalten. Die untere Ebene wurde dagegen umgewidmet: Statt der Eisenbahn können Fußgänger nun hier das Phänomen des Naruto-Strudels beobachten. Es ist ein Gezeitenstrudel, und um ihn zu beobachten, wurde direkt über ihm in der unteren Brückenebene ein nach unten verglaster Aussichtsraum installiert, die sogenannte Uzunomichi-Promenade.

Zwei weitere spektakuläre Brücken verbinden Honshū über das Binnenmeer mit Shikoku: Seto-Ōhashi, ein Komplex aus drei Hänge-, zwei Schrägseil-, einer Stahlfachwerkbrücke und vier Viadukten, die immer wieder kleine Inseln passieren. Das gilt auch für die dritte Verbindung, die Nishiseto-Autobahn, die aus zehn einzelnen Brücken besteht, darunter die elegante Tatara-Brücke über die gleichnamige Meerenge.

AUSTRALIEN

SYDNEY HARBOUR BRIDGE

Ein breiter Trichter, an den Seiten flankiert von viel verästelten Buchten und durchsetzt von kleinen Inseln, so dringt Port Jackson, der Hafen von Sydney, von der Küste aus 19 Kilometer nach Westen ins australische Binnenland vor. Heute mit Meerwasser gefüllt, ist er geologisch betrachtet eine Ria, ein einstiges Flussbett, das vom Meerwasser überspült wurde. Im Westen mündet nach wie vor der Paramatta River in den Hafen von Sydney und trifft in seinem Mündungsbereich auf eine der meistfotografierten Brücken der Welt: die Sydney Harbour Bridge, vor deren Bogen sich die spektakulären Schalendächer des städtischen Opernhauses wie Zeltdächer aufspannen.

Er ist einer der aufregendsten Ausblicke über den Hafen von Sydney und über die Stadt, der Blick hinab vom Scheitel des 134 Meter hohen Brückenbogens über den Port Jackson. Und es ist ein Blick, den tatsächlich nicht nur Brückenarbeiter genießen können, sondern der jedem Bewohner und Besucher Sydneys offen steht, denn die Harbour Bridge kann nicht nur über die Fahrbahn gequert werden, geführte Spaziergänge führen Fußgänger auch direkt über den Bogen zur anderen Seite des Port Jackson. Es ist einer der spektakulärsten Wege in Sydney: Umgeben von stählernem Fachwerk, liegen einem nicht nur Stadt und Hafen zu Füßen, auch die Brücke, ihre Konstruktion und der Verkehr in den Tiefen lassen sich beobachten. Und er vermittelt in Ansätzen auch etwas von den Strapazen und Bedingungen, unter denen Brückenarbeiter auf der ganzen Welt die wichtigen Verkehrswege errichten und instand halten.

DATEN & FAKTEN

Lage	Sydney
Verbindung	überspannt die Mündung des Paramatta River in den Port Jackson, den natürlichen Hafen von Sydney
Entwurf	John Job Crew Bradfield & Sir Ralph Freeman
Ausführung	Dorman Long & Co.
Bauphase	1924–1932
Konstruktionsart	Bogenbrücke
Material	Stahl
Länge	1149 Meter
Höhe	134 Meter
max. Spannweite	503 Meter
Verkehrsart	kombinierte Eisenbahn-, Kraftfahrzeug- und Fußgängerbrücke

EIN KLEIDERBÜGEL MIT „FEHLER"

Seit 1815 hat es Überlegungen gegeben, eine Brücke über den Port Jackson zu errichten, doch es sollte mehr als 100 Jahre und ungezählte Ideen, Vorschläge und Konstruktionspläne dauern, bis man sich für einen Entwurf des Hafen-Chefingenieurs Bradfield und des englischen Ingenieurs Sir Ralph Freeman entscheiden konnte. Ersterer hatte die New Yorker Hell Gate Bridge besichtigt und war von dieser so begeistert, dass er sich bei seinem ersten Entwurf zur Sydney Harbour Bridge stark von dieser von Gustav Lindenthal entworfenen Brücke inspirieren ließ. Nachdem der Auftrag zum Bau an die englische Firma Dorman Long & Co. vergeben wurde, überarbeitete deren Ingenieur Freeman die Bogenkonstruktion noch einmal. Diese wird, noch während sich der Bogen im Bau befindet, von den Bürgern Sydneys liebevoll als „old coat hanger" („alter Kleiderbügel") bezeichnet.

Sich nah am New Yorker Vorbild orientierend, übernehmen die beiden Ingenieure auch Lindenthals „strukturellen Fehler". Sie legen sogar offen dar, dass die Pylonen – wie auch bei der Hell Gate Bridge – reine Dekoration sind und keine stützende Funktion haben. Indem sie, anders als Lindenthal, der das Tragwerk in den Pylonen versteckt, dieses kurz vor den Pylonen enden lassen, demonstrieren sie, dass die eigentliche Last einzig vom unteren Bogenstrang getragen wird, während der obere Strang nur zur Aussteifung dient und frei schwebend endet. Die Konstruktion ist bei beiden Brücken gleich, doch nur bei der Sydney Harbour Bridge wird sie offenbar. Doch letztendlich tragen die beiden Ingenieure mit ihren Pylonen der öffentlichen Besorgnis Rechnung: Die Einwohner Sydneys fürchteten nämlich um die Stabilität einer rein stählernen Bogenbrücke, und so „stützte" man den Bogen mittels Betonpfeilern, die anschließend mit handbehauenen Granitplatten ganz im Stil des Art déco verkleidet wurden und von denen heute zumindest einer ein Museum beherbergt.

WAHRZEICHEN DER STADT

Neben dem Opernhaus ist die Hafenbrücke das bedeutendste Wahrzeichen der Stadt. Das äußert sich nicht zuletzt darin, dass die Brücke immer wieder in das Alltags- beziehungsweise Festleben der Stadt einbezogen wird. Sound- und Light-Shows werden an ihren runden Geburtstagen veranstaltet, sie wird in Sportevents miteinbezogen, und in den Jahren 2009 und 2010 wurde die Brücke für ein Picknick auf der Fahrbahn für den Verkehr gesperrt. Nichts aber übertrifft die Feierlichkeiten zum Neujahrsfest: Das Mitternachtsfeuerwerk an der Sydney Harbour Bridge, das jedes Jahr nach einem anderen Motto gestaltet wird, gilt als eines der eindrucksvollsten der Welt.

LITERATURAUSWAHL

Internetseiten

www.bernd-nebel.de
www.forth-bridges.co.uk
www.forthroadbridge.org/thebridge
www.structurae.de
www.jb-honshi.co.jp/english/information/information-e.html

Publikationen

Bayerische Gesellschaft für Unterwasserarchäologie (Hrsg.): Archäologie der Brücken. Vorgeschichte, Antike, Mittelalter, Neuzeit, 2011.

Billington, David P.: Der Turm und die Brücke. Die neue Kunst des Ingenieurbaus, 2014.

Brown, David J.: Brücken. Kühne Konstruktionen über Flüsse, Täler, Meere, 2005.

Colford, Barry R./Charles P.E. Cocksedge: Forth Road Bridge. First internal inspection, strength evaluation, acoustic monitoring and dehumidification of the main cables, 2006.

Ditchen, Henryk/Jozef Glomb: Berühmte Brückenbauer: Ihre Zeiten und Bauwerke, 2013.

Dreyer, Oliver: Regen-Wind induzierte Steilschwingungen in laminarer und turbulenter Strömung, 2004.

Ellis, L.J.H.: Critical analysis of the Lupu Bridge in Shanghai, in: Department of Civil and Architectural Engineering, University of Bath, 2007.

Ewert, Sven: Brücken. Die Entwicklung der Spannweiten und Systeme, 2002.

Geier, Roman: Brückendynamik: Schwingungsuntersuchungen von Schrägseilen, 2004.

Le Grand Viaduc de Millau. Bureau d'études Greisch.

Le Pont-Neuf sur la Seine, à Paris 1578–1607, Notice Descriptive et Historique, Imprimerie Polytechnique Béranger, 1911.

Macdonald, Copthorne: Bridging the Strait. The Story of The Confederation Bridge Project, 1997.

Mehlhorn, Gerhard/Manfred Curbach: Handbuch Brücken. Entwerfen, Konstruieren, Berechnen, Bauen und Erhalten. 2014.

Penberthy, Ian: Die 75 beeindruckendsten Brücken der Welt, 2008.

Reusink, Jaco H./Martin L.J. Kuijpers: Dämpfer gegen Regen-Wind-induzierte Schwingungen der Schrägseile an der Erasmusbrücke.

Starossek, Uwe: Progressiver Kollaps von Bauwerken, in: Beton- und Stahlbetonbau. 100. Jahrgang, Heft 4, April 2004.

Tönsmann, Frank (Hrsg.): Brücken. Historische Wege über den Fluss. 13. Kasseler Technikgeschichtliches Kolloquium, 2006.

Umrisse. Zeitschrift für Baukultur, Ausgabe 4, 2008.

Yoda, T.: History and devolpment of the „Kintai-kyo" Bridge, in: Collaboration and Harmonization in Creative Systems, 2005.

REGISTER

BILDNACHWEIS

Michael Büsgen, Köln
Seite 195 r.

Fotolia.com
Seite 21 (© Laiotz), 26-27 (© eyewave), 29 (© RalfenByte), 31 l. (© Gordon Bussiek), 31 u.r. (© qphotomania), 34 (© Katja Xenikis), 37 (©Thomas Jablonski), 38 l. (© spuno), 38 r. (© spuno), 46 (© drsg98), 50 (© mihaiulia), 74-75 (© Janis Smits), 81 l. (© Janis Smits), 87 l. (© luisfpizarro), 87 o.r. (© luisfpizarro), 100 (© aroxopt), 105 u. (© Mapics), 156-157 (© Franco Visintainer), 161 o.r. (© magann), 161 u.r. (© Perseomedusa), 174 r. (© franziskus46), 258-259 (© Calado), 262 u. (© KK-Foto)

Interfoto, München
Seite 4 (PHOTOAISA/Bernardo Guerra), 25-25 (PHOTOAISA/Bernardo Guerra), 113 (Science & Society), 247 (Granger, NYC), 250 alle (Museum of the City of New York/S. A. Holmes)

istock.com
Seite 5 o. (© Ammonitefoto), 135 o. (© joreks), 135 u. (© DeadDuck), 144-145 (© pichet_w), 148 (© xenotar), 149 l. (© nimu1956), 198-199 (© Ammonitefoto)

mauritius images, Mittenwald
Seite 6 (John Warburton-Lee), 40 (Manfred Mehlig), 43 o. (alamy), 43 u. (alamy), 44-45 (Hiroshi Higuchi), 47 o. (Harald Schön), 47 u. (imageBROKER/Wilfried Wirth), 49 (imageBROKER/Helmut Hess), 53 l. (imageBROKER/Oliver Brandt), 54 o. (imageBROKER/Oliver Brandt), 54 u. (age), 55 (imageBROKER/Oliver Brandt), 56-57 (alamy), 60 (Volker Miosga), 61 (alamy), 63 (alamy), 70 (alamy), 72 o.l. (alamy), 72 o.r. (alamy), 76-77 (Photononstop), 80 (alamy), 82 (alamy), 85 o. (alamy), 85 u. (alamy), 87 u.r. (alamy), 88 (alamy), 90-91 (imagesBROKER/Jörg Dauerer), 94 l. (alamy), 94 r. (alamy), 99 l. (age), 105 o. (alamy), 107 (alamy), 107 o.2 (alamy), 107 u. (alamy), 107 u.2 (alamy), 108-109 (alamy), 110 (alamy), 114 o. (alamy), 114 u. (alamy), 115 (alamy), 116-117 (imageBROKER/Stefan Arendt), 118 l. (alamy), 118 r. (alamy), 120 o.l. (alamy), 120 o.r. (alamy), 120 Mitte (alamy), 122 (alamy), 123 (alamy), 124-125 (Frank Lukassec), 127 (alamy), 128 (Frank Lukassec), 129 o. (alamy), 129 u.r. (alamy), 131 l. (Steve Vidler), 131 Mitte (Axel Schmies), 131 r. (Steve Vidler), 132-133 (imageBROKER/Klaus Rein), 146-147 (alamy), 155 (Raimund Linke), 161 o.l. (United Archives), 173 (Prisma), 174 l. (Marie Krausova), 178-179 (alamy), 184-185 (alamy), 190 o. (alamy), 191 r. (United Archives), 195 l. (alamy), 196 l. (alamy), 200-201 (imageBROKER/Michael Jänecke), 202 (alamy), 204 r. (alamy), 209 (Robert Harding), 210 l. (United Archives), 210 r. (United Archives), 216-217 (alamy), 218 (Robert Harding), 222-223 (alamy), 226 o. (alamy), 226 u. (alamy),228 (alamy), 231 l. (alamy), 231 r. (alamy), 233 (alamy), 234 (alamy), 236-237 (alamy), 239 l. (alamy), 242 (alamy), 248 (imageBROKER/Daniel Schoenen), 249 (Saima Altunkaya), 252-253 (alamy), 254 (alamy), 257 o. (alamy), 257 u. (alamy), 262 o. (Axiom Photographic), 263 r. (age), 264 (alamy), 269 (alamy), 276 (imageBROKER/Egmont Strigl), 277 (alamy), 281 u. (imageBROKER/Olaf Krüger), 282 l. (Photononstop), 282 r. (alamy), 287 o.l. (alamy), 287 o.r. (alamy), 289 (Photononstop), 290-291 (age), 292 (alamy), 294(alamy), 295 l. (alamy), 295 r. (alamy), 296-297 (alamy), 298 (alamy), 301 (alamy), 302 (alamy), 307 (Division), 308 (alamy), 309 u. (Flirt), 310-311 (Jose Fuste Raga), 313 (imageBROKER/Sergio Pitamitz), 314 l. (United Archives), 314 r. (United Archives), 315 Mitte u. (age), 315 r. (alamy)

NASA
Seite 136 (© NASA/GSFC/MITI/ERSDAC/JAROS and U.S./Japan ASTER Science Team)

picture-alliance, Frankfurt am Main
Seite 12 (Benjamin Beytekin) 23 o. (United Archives/TopFoto), 23 u. (United Archives/TopFoto), 31 o.r. (Arco Images), 53 r. (ANP), 58 (Bildagentur-online), 62 (allOver images), 64 (Bildagentur-online/Guichaoa), 69 (Bildarchiv Monheim), 72 u. (Bildarchiv Monheim), 79 (maxppp © Angelo/Leemage), 81 r. (maxppp), 96-97 (Lou Avers), 102 (Cultura RM), 120 u. (Design Pics), 129 u.l. (Ben Pipe/Robert Harding), 138-139 (ROBERT JAEGER/APA/picturedesk.com), 141 (© dpa), 142 o. (ROBERT JAEGER/APA /picturedesk.com), 142 u. (ROBERT JAEGER/APA /picturedesk.com), 149 r. (© dpa), 154 (KEYSTONE), 159 (chromorange), 162 (David Clapp/Arcaid), 164-165 (Konstantin Kokoshkin), 167 l. (Konstantin Kokoshkin), 167 o.r. (Konstantin Kokoshkin), 167 u.r. (Konstantin Kokoshkin), 168 (Konstantin Kokoshkin), 169 (Konstantin Kokoshkin), 170-171 (© dpa), 176 (CHROMORANGE/AGF Creative), 188 (© dpa), 190 u. (© dpa-Bildarchiv), 191 o.l. (© dpa-Report), 191 u.l. (© dpa-Bildarchiv), 204 l. (© dpa-Bildarchiv), 225 o. (All Canada Photos), 225 u. (All Canada Photos), 233 (empics), 239 u.r. (Arcaid), 263 o.l. (Westend61), 272-273 (Bildagentur-online), 281 o. (© dpa), 315 l. (CHOMORANGE/AGF Creative)

shutterstock.com
Seite 5 Mitte (© Manamana), 5 u. (© waxw0rk), 66 (©TP Gronlund), 84 (© photolike), 93 o. (© Francisco Javier Alcerreca Gomez), 93 u. (© massimofusaro), 99 r. (©ventdusud), 150-151 (© Alessandro Colle), 182 (© Scirocco340), 185 r. (© Sasa Komlen), 186-187 (© ollirg), 192-193 (© Mehmet Cetin), 196-197 (© Mikhail Starodubov), 205 (© Derek Gordon), 206-207 (© Pierpaolo Romano), 212-213 (© Pichugin Dmitry), 214 (© Pichugin Dmitry), 219 (© WitR), 220-221 (© Manamana), 239 o.r. (© Doug Lemke), 240 (© Leroy Harvey), 244-245 (© blvdone), 263 u.l. (©TravelImages), 270-271 (© waxw0rk), 274 (© Matyas Rehak), 278 (© Alexander Mazurkevich), 284-285 (© chungking), 287 u. (© chungking), 304-305 (© KPG Payless2), 309 o. (© Sean Pavone), 315 o. Mitte (© Victor Maschek)

Wikimedia
Seite 14, 15, 16: Matthias079, Wikimedia Commons, lizensiert unter CreativeCommons-Lizenz by-sa-3.0-de, URL: https://creativecommons.org/licenses/by-sa/3.0/deed.en, Seite 126, 153